管理者知识储备与技能提升系列

管理者
企业运营一本通
——全流程管理与运营实战

李恒芳 编著

全国百佳图书出版单位

化学工业出版社

·北京·

内容简介

《管理者企业运营一本通：全流程管理与运营实战》一书包括企业战略管理、企业组织管理、年度经营计划、全面预算管理、MBO目标管理、企业管理体系、企业信息化管理、全员持续改善八个方面的内容。

本书注重实操，去理论化，内容简洁实用，同时，板块设置精巧、结构清晰明确。本书可供有志于自己创办企业、开办公司的高校毕业生、职场人士阅读，也适合有志于了解企业运营常识或准备进入运营管理领域的有识之士阅读。

图书在版编目（CIP）数据

管理者企业运营一本通：全流程管理与运营实战 / 李恒芳编著. —北京：化学工业出版社，2022.8（2025.1重印）
（管理者知识储备与技能提升系列）
ISBN 978-7-122-41316-1

Ⅰ.①管⋯ Ⅱ.①李⋯ Ⅲ.①企业管理-运营管理-基本知识 Ⅳ.①F273

中国版本图书馆CIP数据核字（2022）第071969号

责任编辑：陈　蕾　　　　　　　　　装帧设计：数字城堡
责任校对：李雨晴

出版发行：化学工业出版社（北京市东城区青年湖南街13号　邮政编码100011）
印　　装：北京盛通数码印刷有限公司
710mm×1000mm　1/16　印张18¾　字数299千字　2025年1月北京第1版第2次印刷

购书咨询：010-64518888　　　　　　售后服务：010-64518899
网　　址：http://www.cip.com.cn
凡购买本书，如有缺损质量问题，本社销售中心负责调换。

定　　价：88.00元　　　　　　　　　　　　　　　版权所有　违者必究

　　管理企业是一项非常系统的工程，需要管理者具有丰富的知识储备。

　　作为管理者，必须增强与时俱进的学习意识，把学习摆在首位，因为学习是提高管理者知识水平、理论素养的重要途径。我们在工作中获得的是经验，而理论学习赋予我们的是进一步实践的有力武器。只有不断地学习和更新知识，不断地提高自身素质，才能满足管理工作的需要。

　　通常情况下，企业管理者需要掌握财税常识、法律常识，以及企业运营常识、激励措施。

　　第一，企业管理者应掌握财务知识。每一个企业管理者都希望自己的企业能够蓬勃发展、基业长青。作为优秀的企业管理者，需要对企业或者公司有一个全面的把控，而具备一定的财务思维和财务管理知识，会让企业管理者更全面地把握企业发展的整体趋势，从而实施开源节流，达到更理想的持续发展效果。

　　第二，经营管理的决策者、组织者和实施者，是将"依法治企"理念转化为企业基本管理方式的决定性因素。这种理念来自企业管理者的法律意识。要做到依法治企，必须提高管理者依法治企的能力，这就要求管理者树立现代法治观念，注重法律学习，增强法律意识，建立起依法取得权利、行使权利、保护权利和履行义务的思维模式，这样才能在处理具体经营管理业务时有一个法律评价的视角和判断的警觉。

　　第三，企业经营管理主要是指对企业发展过程的全部内容进行计划、组织、协调与控制，从而提升企业的生产效益、降低企业的开支成本，并促进企业既定目标的实现。作为企业管理者，需要对企业经营管理的常识进行全面的了解，这样才能使企业处于正常的运作中，从而实现企业的目标。

第四,"合伙人制度"使管理者和员工之间的关系从聘用关系转变为合伙关系。合伙人制度是知识型企业发展的必然方向,要想实施合伙人制度,就必须以股权激励为前提。股权激励是指有条件地将企业的一定股份授予企业的核心人才,以员工为基础提升他们作为企业股东的身份,促使他们加入合伙人的团队,并希望他们以企业主的心态对待自己的工作。

基于此,我们编写了本书,以供致力于自己创办企业、开办公司的大学毕业生、职场人士阅读,希望我们能为您的公司、企业中的财务、税务、法律管理,以及股权分配、合伙人管理和提升企业业绩等方面提供帮助和指导,以期在最短的时间内助力您成功!

《管理者企业运营一本通:全流程管理与运营实战》一书包括企业战略管理、企业组织管理、年度经营计划、全面预算管理、MBO目标管理、企业管理体系、企业信息化管理、全员持续改善等内容。

本书去理论化,简单易懂,具有较强的可读性,且全面系统地对管理者日常生活和工作中应该了解的运营管理知识进行了梳理,适合创业者和从事企业管理的人士阅读。

由于笔者水平有限,书中难免出现疏漏,敬请读者批评指正。

编著者

目录

▶ **第一章 企业战略管理**

　　企业战略就像航标与指南针，指引着企业朝正确的方向发展。每一个世界500强企业都非常重视企业管理的改善和提升，也非常注重对企业发展方向的把握，因此，企业的战略管理非常重要。企业的管理人员，尤其是高层管理人员，通常是企业战略的制定者，但企业战略并不是空想一番就可以得出来的，而是使用一些成熟的、有效的工具，通过研究、分析制定出来的。

第一节　企业战略管理概述 | 2

　　一、何谓战略管理 | 2

　　二、企业战略层级 | 2

　　三、战略规划内容 | 3

　　四、战略规划模型 | 4

　　五、战略规划的5个基本步骤 | 4

　　六、战略规划的实施方法 | 6

第二节　基本竞争战略 | 7

　　一、成本领先战略 | 7

　　二、差异化战略 | 7

　　三、集中化战略 | 9

第三节 经营战略规划的工具——3C战略三角模型 | 11

一、战略三角模型 | 11

二、顾客战略 | 12

三、竞争者战略 | 12

第四节 企业战略制定的工具——SWOT分析法 | 12

一、SWOT代表的意义 | 13

二、SWOT分析矩阵 | 14

三、进行SWOT分析的步骤 | 15

第五节 竞争战略分析的工具——波特五力分析模型 | 17

一、五力分析模型框架 | 17

二、五种力量的影响因素 | 18

三、五力分析模型与一般战略的关系 | 19

四、五力分析模型的优点和局限 | 20

第六节 寻求竞争优势的工具——价值链分析法 | 20

一、价值链的思想内涵 | 21

二、分析价值链的目的 | 21

三、价值链分析的特点 | 22

四、价值链分析的内容 | 24

第七节 描述企业战略的工具——战略地图 | 24

一、战略地图的核心内容 | 25

二、战略地图编制的步骤 | 26

第八节 用于企业决策的工具——KT决策法 | 29

一、什么是KT决策法 | 29

二、KT决策法的步骤 | 30

第二章 企业组织管理

组织是指由诸多要素按照一定方式相互联系起来的系统，管理者必须在组织中才能实施领导职权。企业组织管理，具体地说，就是为了有效地配置企业内部的有限资源，为了实现一定的共同目标而按照一定的规则和程序构成的一种责权结构安排和人事安排，其目的是确保以最高的效率，实现组织目标。也可以说，是对企业管理中建立健全管理机构、合理配备人员、制定各项规章制度等工作的总称。

第一节 组织结构设计 | 38

一、何谓组织结构 | 38

二、组织结构的四个方面 | 38

三、几种常见的组织结构形式 | 39

四、组织结构的设计原则 | 43

五、组织结构的设计要素 | 44

六、企业组织结构设计的步骤 | 46

第二节 虚拟管理 | 48

一、何谓虚拟管理法 | 48

二、虚拟团队的特征 | 48

三、虚拟管理的主要形式 | 48

四、虚拟团队管理的要领 | 48

五、虚拟管理的缺陷 | 51

第三节 非正式组织 | 51

一、何谓非正式组织 | 51

二、非正式组织与正式组织的比较 | 52

三、非正式组织对企业管理的影响 | 53

四、非正式组织的分类 | 53

五、有针对性地管理非正式组织 | 55

六、非正式组织紧密化、危险化的紧急应对 | 56

第四节　规章制度的设计与执行 | 57

一、何谓企业规章制度 | 57

二、规章制度的顶层设计 | 60

三、企业规章制度的执行 | 62

四、企业规章制度的改进 | 63

▶ 第三章　年度经营计划

年度经营计划需要企业的中高层人员共同参与，并按照自上而下、从外至内的顺序制订。经营计划的主要内容包括为达成企业年度目标所需开展的一系列重点工作。

第一节　年度经营计划的概念 | 65

一、什么是年度经营计划 | 65

二、战略目标、年度经营计划和预算的关系 | 65

三、企业年度经营计划与部门年度经营计划 | 65

第二节　年度经营计划的制订流程 | 66

一、项目启动会 | 66

二、年度经营分析 | 67

三、设定年度经营目标 | 68

四、制定年度经营计划策略 | 68

五、前端部门立项 | 69

六、需求传递 | 69

七、后端部门立项 | 70

八、年度预算 | 70

九、宣导 | 71

第三节　年度经营计划的编制 | 74

一、年度经营计划的总体编制要求 | 75

二、年度营销计划的编制说明 | 75

　　三、年度生产计划的编制说明 | 84

　　四、年度质量计划的编制说明 | 87

　　五、年度采购计划的编制说明 | 87

　　六、年度人力资源计划的编制说明 | 88

　　七、年度成本计划的编制说明 | 90

　　八、年度财务计划的编制说明 | 92

第四节　年度经营计划书的编制 | 93

　　一、企业年度经营计划书的编写 | 93

　　二、部门年度经营计划书的编写 | 98

第五节　年度经营计划的执行管理 | 104

　　一、制定计划执行措施 | 104

　　二、进行有效的沟通 | 105

　　三、建立配套的管理体系 | 112

　　四、建立常态监控机制 | 114

　　五、提高员工素质 | 114

▶ 第四章　全面预算管理

全面预算管理是现代企业管理中的重要组成部分，对企业的发展起着举足轻重的作用。在当今的现代企业管理实践中，各种经济关系日趋复杂，企业管理者只有广泛采用现代管理观念，充分认识全面预算管理的重要意义，不但要懂得如何科学地编制全面预算，而且要善于运用全面预算管理，才能使企业不断提高经济效益，真正成长为现代化企业。

第一节　全面预算管理概述 | 116

　　一、什么是全面预算管理 | 116

　　二、全面预算管理的目的 | 116

　　三、全面预算的内容 | 117

第二节 全面预算的编制程序 | 119

　　一、准备阶段 | 119

　　二、编制阶段 | 123

　　三、初审阶段 | 127

　　四、讨论阶段 | 127

　　五、决策下发 | 127

　　六、签订业绩合同 | 128

第三节 各预算单位的业务预算 | 133

　　一、销售预算编制 | 133

　　二、生产预算编制 | 139

　　三、采购预算编制 | 140

　　四、生产成本预算编制 | 143

　　五、运营成本预算编制 | 147

　　六、资本支出预算编制 | 151

　　七、现金预算编制 | 153

　　八、预计报表编制 | 154

第四节 全面预算的执行与考核 | 159

　　一、预算的实施 | 159

　　二、预算执行情况报告制度 | 159

　　三、预算监控体系 | 161

　　四、预算调整 | 166

　　五、预算考核 | 168

第五节 全面预算管理沟通计划 | 170

　　一、实施沟通的目的 | 170

　　二、沟通成功的关键因素 | 170

　　三、预算管理沟通计划的主要内容 | 171

第五章　MBO 目标管理

MBO是英文Management by Objective的简写，中文意思是目标管理，是以目标的设置和分解、目标的实施及完成情况的检查、奖惩为手段，通过员工的自我管理来实现企业经营目的的一种管理方法。目标管理也被称为"成果管理"，也有人将之称为责任制。

第一节　MBO目标管理概述 | 173

一、德鲁克目标管理基本思想 | 173

二、目标管理三个基本原则 | 173

三、目标管理的基本程序 | 175

四、目标管理的推行范围和推行方式 | 176

第二节　目标体系的建立步骤 | 177

一、目标体系的结构 | 177

二、建立目标体系的基本程序 | 180

三、绘制目标体系图 | 180

第六章　企业管理体系

管理体系（Management System），是组织用来建立方针、目标以及实现这些目标的相互关联和相互作用的一组要素。一个组织的管理体系可包括若干个不同的管理体系，如质量管理体系ISO 9001、环境管理体系ISO 14001、职业健康和安全管理体系ISO 45001、信息安全管理体系BS 7799/ISO 27001等，这也是企业组织制度和企业管理制度的总称。

第一节　质量管理体系ISO 9001 | 183

一、何谓ISO | 183

二、ISO 9001体系认识 | 183

三、ISO 9001质量体系策划过程 | 186

四、ISO 9001质量体系文件架构 | 186

五、实施ISO 9001体系的步骤 | 187

第二节　ISO 45001职业健康安全管理体系 | 188

一、ISO 45001职业健康安全管理体系概述 | 188

二、应用ISO 45001的益处 | 191

三、如何应用ISO 45001 | 192

四、ISO 45001：2018认证所需资料 | 192

第三节　ISO 14000环境管理体系 | 193

一、ISO 14000的实施意义 | 193

二、ISO 14000标准与ISO 9000标准的异同 | 193

三、ISO 14000标准的特点 | 195

四、ISO 14001的主要内容 | 196

五、ISO 14001认证 | 197

第四节　SA 8000社会责任标准 | 197

一、SA 8000社会责任体系九大要素 | 197

二、SA 8000社会责任体系管理系统要求 | 198

三、企业申请SA 8000认证的作用 | 201

四、SA 8000认证必备条件 | 201

第五节　ISO 27001信息安全管理体系 | 202

一、ISO 27001信息安全管理体系的内容 | 202

二、ISO 27001的PDCA过程方法 | 203

三、ISO 27001认证的益处 | 203

四、ISO 27001认证实施步骤 | 204

▶ 第七章　企业信息化管理

　　企业信息化管理主要指将企业的生产过程、物料移动、事务处理、现金流动、客户交互等业务过程数字化，并通过各种信息系统网络加工生成新的信息资源，提供给各层次的人们来洞悉、观察各类动态业务中的一切信息，以便作出有利于生产要素组合优化的决策，从而使企业资源合理配置，使企业能适应瞬息万变的市场经济竞争环境，求得最大的经济效益。

第一节　信息化管理概述 | 207

一、企业信息化管理的定义 | 207

二、企业信息化管理的精髓 | 207

三、企业信息化管理的三个方面 | 208

第二节　信息化管理系统（软件）| 211

一、MRP Ⅱ 制造资源计划 | 211

　　相关链接　MRP、MRP Ⅱ 和ERP的关系与区别 | 211

　　相关链接　MRP Ⅱ 的数据环境与输入数据的类型 | 213

二、ERP企业资源计划 | 214

三、MES制造执行系统 | 217

四、办公自动化（OA）| 220

五、CRM客户关系管理系统 | 222

六、CIMS计算机集成制造系统 | 225

七、CAD/CAM计算机辅助设计与制造系统 | 229

八、项目管理软件 | 233

九、SCM供应链管理系统 | 237

十、WMS智能仓储管理系统 | 240

▶ 第八章　全员持续改善

全员参与可以激发员工向团队贡献力量，让每个员工都能成为合作团队中具有创造性的成员。企业最普通的全员持续改善方法主要有CIS企业形象识别系统、BPR业务流程重组、TQM全面质量管理、TPM全员生产维修、标杆管理、知识管理、提案改善制度等方面。

第一节　BPR业务流程重组 | 246

一、何谓BPR业务流程重组 | 246

二、BPR的核心内容 | 246

三、业务流程重组关注的要点 | 247

四、实施业务流程重组的原则 | 247

五、业务流程重组的时机选择 | 248

六、企业内部BPR的原则 | 249

七、企业业务重组的流程与相关活动 | 250

第二节　TQM全面质量管理 | 252

一、何谓TQM全面质量管理 | 252

二、全面质量管理的内容 | 253

三、全面质量管理的推行要点 | 255

第三节　TPM全员生产维修 | 255

一、TPM的特点 | 256

二、TPM的目标 | 256

三、TPM的理论基础 | 257

四、TPM给企业带来的效益 | 257

五、推行TPM的要素 | 258

六、TPM的阶段和步骤 | 258

七、TPM活动中各层次的角色 | 259

八、TPM展开的八个支柱 | 260

第四节　QCC活动 | 260

一、QCC品管圈的基本精神和目的 | 260

二、QCC品管圈的建立 | 260

三、QCC活动开展的环节与步骤 | 262

四、QCC的工作成果发表 | 263

五、促进QCC活动成功推行的方法 | 265

第五节　5S活动 | 267

一、5S的起源 | 268

二、5S的定义与目的 | 268

三、5S与各管理系统的关系 | 269

四、推行5S活动对现场的好处 | 276

　　五、推行5S活动对企业整体的效益 | 277

第六节　提案改善活动 | 278

　　一、何谓改善 | 278

　　二、推行提案改善活动的目的 | 279

　　三、提案改善的分类 | 280

　　四、提高改善提案活动的有效性 | 280

▶ **参考文献** | 284

第一章 企业战略管理

引言：

企业战略就像航标与指南针，指引着企业朝正确的方向发展。每一个世界500强企业都非常重视企业管理的改善和提升，也非常注重对企业发展方向的把握，因此，企业的战略管理非常重要。企业的管理人员，尤其是高层管理人员，通常是企业战略的制定者，但企业战略并不是空想一番就可以得出来的，而是使用一些成熟的、有效的工具，通过研究、分析制定出来的。

第一节　企业战略管理概述

一、何谓战略管理

战略管理（Strategic management），是指对一个企业或组织一定时期的全局的、长远的发展方向、目标、任务和政策，以及资源调配做出的决策和管理艺术。它包括战略制定/形成与战略实施两个部分。战略管理首先是一个"自上而下"的过程，这就要求高级管理层具备相关的能力及素养。

战略管理具有如下特点：

（1）战略管理具有全局性。

（2）战略管理的主体是企业的高层管理人员。

（3）战略管理涉及企业大量资源的配置问题。

（4）战略管理从时间上来说具有长远性。

（5）战略管理需要考虑企业外部环境中的诸多因素。

二、企业战略层级

企业战略层级，如图1-1所示。

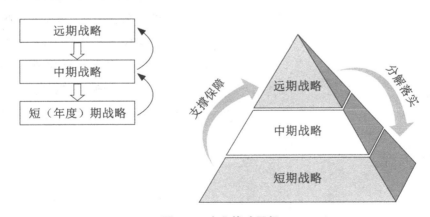

图1-1　企业战略层级

企业战略层级的内容，如图1-2所示。

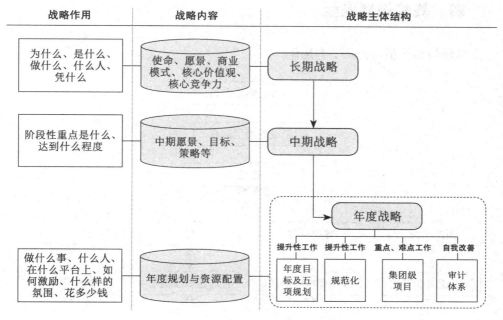

图1-2　企业战略层级的内容

三、战略规划内容

战略规划内容，如图1-3所示。

图1-3　战略规划内容

四、战略规划模型

战略规划模型，如图1-4所示。

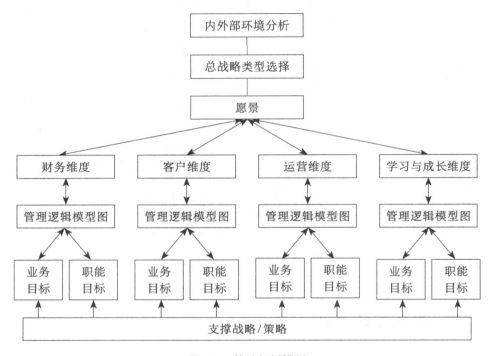

图1-4 战略规划模型

五、战略规划的5个基本步骤

公司战略规划，是未来一段相当长的时间内，对公司主要达到的目的或将要形成的格局的总体计划。专家大致把公司战略规划的制订分成准备、制订、审核、执行、总结等5个阶段。

（一）制订战略规划前的准备

制订战略规划前的准备工作很多，但主要是对公司的外部环境和内部素质做一个综合性的评估，这是关键点，也是能否正确制订战略规划的基础。

其主要内容包括：

（1）公司定位（根据规模与实力分析）。

（2）公司优劣势分析（同业相比）。

（3）产品市场环境评估。

（4）行业政策环境分析评估。

（5）行业竞争环境分析评估。

（6）公司核心竞争力分析。

（7）公司创新与学习、模仿能力分析。

（8）机会风险分析。

（9）商业模式分析（公司的盈利能力）。

（10）关联产业形势评估。

（二）战略规划的制订

如果以上的工作做得很到位，那么，这部分就相对简单一些。

（1）目标设定：公司在某时段要达到什么目标。

（2）措施设定：要达到这一目标的基本措施。

（3）应变措施：公司战略规划实施过程的应变与应急措施或方案。

（4）规划管理：管理机构与实施机构的配置。

（三）战略规划的审核

（1）战略规划可行性分析：战略规划是否切合实际，是否可行？

（2）战略规划可操作性分析：战略规划的操作是否简单明了？是否过于增加管理成本？

（3）专家意见分析：管理专家的认同程度。

（4）把握形势力度分析：是否把握住了机会？是否规避了风险？

（5）战略规划的实施程序分析：是否合理？先后顺序是否科学？

（6）战略规划的应变能力分析：是否有力？是否容易实施且不造成过多的损失或浪费？

（四）战略规划的执行

（1）追逐目标措施设计。

（2）执行规模的主要成员配备。

（3）按时间与进度撰写的商务计划书。

（4）职能部门与协作。

（5）严格执行，奖罚分明。

（6）监督、审查、协调与改进。

（五）战略规划的总结

公司战略规划不可能是永久不变的，要在一定时段内对其进行总结，从而找出问题，进行调整。本期战略规划执行完成后，也应当对其成败得失进行总结，取长补短，这样有利于后期战略规划的制订。

六、战略规划的实施方法

战略规划的实施方法，如图1-5所示。

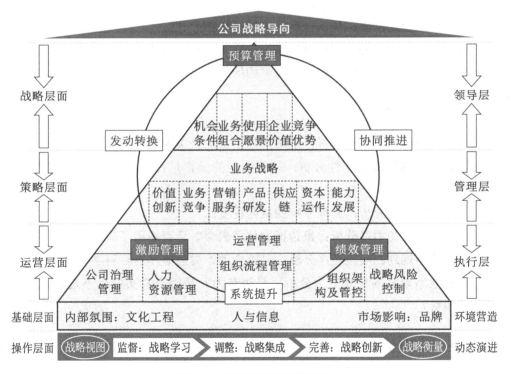

图1-5 战略规划的实施方法

第二节　基本竞争战略

基本竞争战略，是指无论在什么行业或者什么企业都可能被考虑采用的竞争性战略。基本竞争战略属于经营单位战略的范畴，主要解决如何在市场中获取有利竞争地位的问题。哈佛商学院迈克尔·波特教授提出了著名的三种基本竞争战略理论：成本领先战略、差别化战略、集中化战略，如图1-6所示。

图1-6　三种基本竞争战略

一、成本领先战略

成本领先战略，是指通过对内部加强成本控制，在研发、生产、销售、服务和广告等领域把成本降到最低限度，从而成为行业中的成本领先者。当然，这不能忽略质量，成本领先战略是在保证基本质量的前提下降低成本。成本领先战略的优劣势及实施条件，如图1-7所示。

二、差异化战略

差异化战略，是指通过提供与众不同的产品和服务，来满足顾客的特殊需求，从而形成竞争优势。这并不是说企业可以忽略成本，而是强调此时企业的战略目标不是成本问题，为了形成差别化，很多时候需要企业放弃较高的市场份额。

优势	劣势
• 建立更高的进入障碍 • 增强讨价还价能力（供应商、顾客） • 降低替代品的威胁 • 保持领先的竞争地位	• 竞争对手开发出成本更低的生产方法 • 竞争对手采用模仿的方法 • 顾客需求的改变

适用条件	
市场特征	企业条件
• 完全竞争市场 • 标准化产品 • 顾客使用产品方式大多相同 • 价格弹性大 • 价格是主要竞争手段	• 所需要的资源与技能 ・持续投资和增加资本 • 科研开发与制造能力 ・市场营销手段 • 内部管理水平 ・组织落实的必要条件 • 严格的成本控制 ・详尽的控制报告制度 • 合理的组织结构 • 完善的激励机制

图 1-7　成本领先战略的优、劣势及实施条件

（一）差异化战略的类别

差异化战略的类别，如表 1-1 所示。

表 1-1　差异化战略的类别

序号	类别	说明
1	产品差异化战略	产品差异化战略是从产品质量、款式等方面实现差别，寻求产品与众不同的特征
2	服务差异化战略	其目的是要通过服务差异化突出自己的优势，与竞争对手相区别。服务差异化战略主要包括送货、安装、顾客培训、咨询服务等因素
3	人事差异化战略	训练有素的员工应能体现出下面六个特征：胜任、礼貌、可信、可靠、反应敏捷、善于交流。市场竞争归根到底是人才的竞争。企业需要培养专业的技术人员、管理人员和销售人员，来增强企业整体的软实力
4	形象差异化战略	形象差异化战略是指在产品的核心部分与竞争者类似的情况下，塑造不同的产品形象以获得差别优势。形象就是公众对产品和企业的看法和感受，塑造形象的工具有：名称、颜色、标识、标语、环境、活动等

续表

序号	类别	说明
5	渠道差异化战略	渠道差异化战略是指企业从渠道策略、渠道设计、渠道建立、渠道管理、渠道维护、渠道创新等方面实施差异化战略。实施渠道差异化战略，首先要做到量体裁衣，让渠道以最佳的效率保持与目标市场的接触，不同的目标市场对应着不同的渠道手段

（二）差异化战略的优劣势及适用条件

差异化战略的优劣势及适用条件，如图1-8所示。

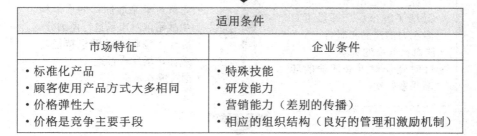

图 1-8　差异化战略的优劣势及适用条件

三、集中化战略

集中化战略又称为集中战略或重点集中战略，也称作集聚战略或专一战略，它是指企业或战略经营单位根据特定消费群体的特殊需求，将经营范围集中于行业内的某一细分市场，使企业的有限资源充分发挥效力，从而在某一局部超过其他竞争对手，建立竞争优势。

（一）集中化战略的表现形式

（1）着眼于在局部领域获得成本领先优势，称为集中成本领先战略。

（2）着眼于在局部领域获得差异化优势，称为集中差异化战略。

（二）采用集中化战略的依据

（1）企业能比竞争对手更有效地为某一部分顾客群体服务。能够通过更好地满足特定需求而获得产品差异，或在为目标顾客服务的过程中降低成本，或两者兼而有之。

（2）从总体市场看，也许集中化战略并未取得成本领先或差异化优势，但它确实在较窄的市场范围内取得了上述一种或两种地位。

（三）集中化战略的优劣势及适用条件

集中化战略的优劣势及适用条件，如图1-9所示。

优势	劣势
• 专注于特定市场，可以更好地了解市场，提供更有吸引力的产品和服务 • 防御替代品的威胁 • 针对竞争对手最薄弱的环节采取行动	• 竞争对手采取同样的重点集中战略或对市场进行再细分 • 目标市场顾客的需求特征与总体市场逐步接近 • 相对成本走高

适用条件	
市场特征	企业条件
• 购买者群体间在需求上存在差异 • 目标市场上没对手采取同样的战略，或者本企业有能力战胜采取同样战略的企业 • 目标市场在市场容量、成长速度、获利能力、竞争强度等方面具有相对的吸引力	资源实力有限，不能追求更大的目标市场

图1-9　集中化战略的优劣势及适用条件

第三节　经营战略规划的工具——3C战略三角模型

3C战略三角模型也称3C模型，是由日本战略研究的领军人物大前研一（Kenichi Ohmae）提出的，他强调成功战略有三个关键因素，在制定任何经营战略时，都必须考虑这三个因素，即公司自身（Corporation）、公司顾客（Customer）、竞争对手（Competition）。

一、战略三角模型

任何经营战略的构想均须考虑三个主要角色，即公司自身、顾客和竞争对手，如图1-10所示。

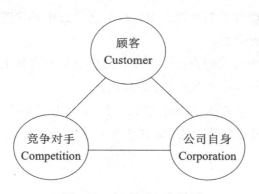

图 1-10　3C 战略三角模型

从战略三角模型的逻辑来看，战略家的任务是要在决定经营成功的关键因素上，取得相对的竞争优势；同时，还必须确保其战略能使企业的力量和某一确定市场的需求相配合。使市场需求与企业目标相协调，这对建立持续稳定的良性关系是必不可少的，否则，企业的长期战略可能将处于危险之中。

根据三个关键角色的观点，所谓战略，就是通过这种方式，使企业运用自己的有关实力来更好地满足顾客需求的同时，尽力使其自身有效地区别于竞争对手。

二、顾客战略

依照大前研一的观点，顾客是所有战略的基础。毫无疑问，企业最先考虑的应该是顾客的利益，而不是股东或者其他群体的利益。从长远来看，只有那些真正为顾客着想的企业，对于投资者来说才有吸引力。

三、竞争者战略

除了要考察企业所有的关键功能外，战略家还必须有能力从整体上紧紧盯住自己的竞争者，它包括如下几个关键战略要素方面的状况：研究与开发能力，在供应、制造、销售和服务方面所拥有的资源及其他利润来源（包括竞争者可能从事的所有经营项目）等，同时，他还必须设身处地地考虑对方企业战略规划者的地位，以便探知对方制定战略的基本思想和假设。

所以，战略规划单位最好建立在一个层次上，在那里能够充分地注意到：

（1）所有需要和目的相同的顾客群组成的主要市场区隔。

（2）本企业的所有重要功能。使企业能充分运用必须的功能，在顾客心目中建立起与众不同的形象。

（3）竞争者的所有关键方面。使企业能抓住机会占据主动，防止竞争对手毫无顾忌地利用其自身的实力来占据企业位置。

大前研一主张，企业的竞争者战略，可以通过寻找有效之法，追求在采购、设计、制造、销售及服务等功能领域的差异化来实现。

第四节　企业战略制定的工具
——SWOT分析法

SWOT分析法（也称TOWS分析法、道斯矩阵）即态势分析法（Strengths Weaknesses Opportunities Threats，SWOT），是一种对企业内外部条件等各方面内容进行综合和概括，进而分析企业的优势和劣势、面临的机会和威胁的工具。

SWOT分析法适用于企业战略制定、竞争对手分析等场合。

一、SWOT 代表的意义

SWOT 代表：Strengths（优势）、Weaknesses（劣势）、Opportunities（机会）、Threats（威胁），其含义如表1-2所示。

表 1-2　SWOT 代表的意义与表现方面

序号	SWOT	定义	说明
1	竞争优势（S）	竞争优势是指一个企业超越其竞争对手的能力，或者指企业所特有的能提高公司竞争力的资源	竞争优势包括以下几个方面： （1）技术、技能优势：独特的生产技术、低成本生产方法、领先的革新能力、雄厚的技术实力、完善的质量控制体系、丰富的营销经验、上乘的客户服务、卓越的大规模采购技能 （2）有形资产优势：先进的生产流水线、现代化的车间和设备、丰富的自然资源储备、吸引人的不动产地点、充足的资金、完备的资料信息 （3）无形资产优势：优秀的品牌形象、良好的商业信用、积极进取的公司文化 （4）人力资源优势：关键领域拥有专长的员工、积极上进的员工、很强的组织学习能力、丰富的经验 （5）组织体系优势：高质量的控制体系、完善的信息管理系统、忠诚的客户群、强大的融资能力 （6）竞争能力优势：产品开发周期短、强大的经销商网络、与供应商良好的伙伴关系、对市场环境变化的灵敏反应、市场份额的领导地位
2	竞争劣势（W）	竞争劣势是指某种企业缺少或做得不好的方面，或指某种会使企业处于劣势的条件	可能导致内部弱势的因素有： （1）缺乏具有竞争意义的技能技术 （2）缺乏有竞争力的有形资产、无形资产、人力资源、组织资产 （3）关键领域里的竞争能力正在丧失
3	企业面临的潜在机会（O）	市场机会是影响企业战略的重大因素。企业管理者应当确认每一个机会，评价每一个机会的成长和利润前景，选取那些可与企业财务和组织资源匹配、使企业获得的竞争优势的潜力最大的最佳机会	潜在的发展机会可能是： （1）客户群的扩大趋势或产品细分市场 （2）技能、技术向新产品新业务转移，为更大客户群服务 （3）前向或后向整合 （4）市场进入壁垒降低 （5）获得并购竞争对手的能力 （6）市场需求增长强劲，可快速扩张 （7）出现向其他地理区域扩张、扩大市场份额的机会

续表

序号	SWOT	定义	说明
4	影响企业的外部威胁（T）	在企业的外部环境中，总是存在某些对企业的盈利能力和市场地位构成威胁的因素。企业管理者应当及时确认影响企业未来利益的威胁，做出评价并采取相应的战略行动来抵消或减轻它们所产生的影响	企业的外部威胁可能是： （1）出现将进入市场的强大的新竞争对手 （2）替代品抢占企业销售额 （3）主要产品市场增长率下降 （4）汇率和外贸政策的不利变动 （5）人口特征、社会消费方式的不利变动 （6）客户或供应商的谈判能力提高 （7）市场需求减少 （8）容易受到经济萧条和业务周期的冲击

二、SWOT 分析矩阵

SWOT 分析矩阵，如图 1-11 所示。

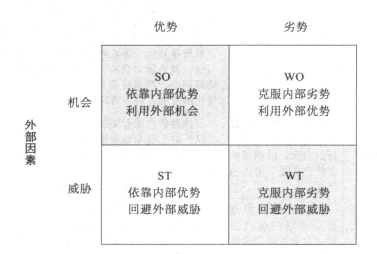

图 1-11　SWOT 分析矩阵

在进行SWOT分析的过程中，企业高层管理人员应在确定内外部各种变量的基础上，采用杠杆效应、抑制性、脆弱性和问题性四个基本概念进行分析，具体如表 1-3 所示。

表 1-3　SWOT 分析矩阵的四种组合

组合模式	特性	说明
优势+机会 （SO组合）	杠杆效应	杠杆效应产生于内部优势与外部机会相互一致和适应的情形下，此时，企业可以利用自身的内部优势撬动外部机会，使机会与优势充分结合，发挥作用。然而，机会往往是稍纵即逝的，企业必须敏锐地捕捉机会，把握时机，以寻求更大的发展
机会+劣势 （WO组合）	抑制性	抑制性意味着妨碍、阻止、影响与控制。当环境提供的机会与企业内部资源优势不相适应，或者不能相互重叠时，企业的优势再大也得不到发挥。在这种情形下，企业就需要提供和追加某种资源，以促进内部资源劣势向优势方面转化，从而迎合或适应外部机会
优势+威胁 （ST组合）	脆弱性	脆弱性意味着优势的程度或强度的降低、减少。当环境状况对企业优势构成威胁时，优势得不到充分发挥，会出现优势不优的脆弱局面。在这种情形下，企业必须克服威胁，以发挥优势
劣势+威胁 （WT组合）	问题性	当企业内部劣势与企业外部威胁相遇时，企业就会面临着严峻挑战，如果处理不当，可能直接威胁到企业的生存

三、进行 SWOT 分析的步骤

进行SWOT分析应遵循以下步骤：

（一）分析环境因素

分析者应使用各种调查研究方法，分析出企业所处的各种环境因素，即外部环境因素和内部能力因素。外部环境因素包括机会因素和威胁因素，它们是外部环境对企业的发展直接有影响的有利和不利因素，属于客观因素；内部环境因素包括优势因素和劣势因素，它们是企业在其发展中自身存在的积极和消极因素，属主观因素。在调查与分析这些因素时，不仅要考虑到历史与现状，而且要考虑未来的发展问题。

（二）制作SWOT分析表

接下来，要将调查得出的各种因素根据轻重缓急或影响程度等排序方式，制作SWOT分析表，见表1-4。在这一过程中，将那些对企业的发展有直接的、重要的、大量的、迫切的、久远的影响因素优先排列出来，而将那些间接的、次要的、少许的、不急的、短暂的影响因素排列在后面。

表 1-4 SWOT 分析表

内部因素 外部因素	Strengths（优势）	Weaknesses（劣势）
Opportunities（机会）	SO	WO
Threats（威胁）	ST	WT

制作 SWOT 分析表时，应考虑表 1-5 所列的问题。

表 1-5 制作 SWOT 表时应考虑的问题

Strengths（优势）	Weaknesses（劣势）
（1）擅长什么 （2）企业有什么新技术 （3）能做什么别人做不到的 （4）和别人有什么不同 （5）顾客为什么来 （6）最近因何成功	（1）什么做不来 （2）缺乏什么技术 （3）别人的什么比我们好 （4）不能够满足哪种顾客 （5）最近因何失败
Opportunities（机会）	Threats（威胁）
（1）市场中有哪些适合我们的机会 （2）可以学到什么技术 （3）可以提供哪些新的技术/服务 （4）可以吸引哪些新的顾客 （5）怎样可以与众不同 （6）企业在 5~10 年内的发展	（1）市场最近有什么改变 （2）竞争者最近在做什么 （3）是否跟不上顾客需求的改变 （4）政治环境的改变是否会伤害企业 （5）是否有什么事可能会威胁到企业的生存

（三）制订行动计划

在完成环境因素分析和 SWOT 矩阵的构造后，便可以制订出相应的行动计划。制订计划的基本思路是：发挥优势因素，克服弱点因素，利用机会因素，化解威胁因素；考虑过去，立足当前，着眼未来。具体可运用系统分析的综合分析方法，将排列与考虑的各种环境因素相互匹配起来加以组合，得出一系列企业未来发展的可选择对策。

第五节　竞争战略分析的工具
——波特五力分析模型

波特五力分析模型（Michael Porter's Five Forces Model），又称波特竞争力模型，是通过对行业五种竞争力量极其深层次的影响因素的分析，来研究竞争作用力的强弱程度，从而明确产业的利润水平即行业吸引力，并在此基础上建立企业长期可行的竞争战略。

五力分析模型对企业战略制定具有全球性的深远影响，其可以有效地分析客户的竞争环境。

波特五力分析模型适用于竞争战略的分析。

一、五力分析模型框架

五力分析模型将大量不同的因素汇集在一个简便的模型中，以此分析一个行业的基本竞争态势，具体如图1-12所示。

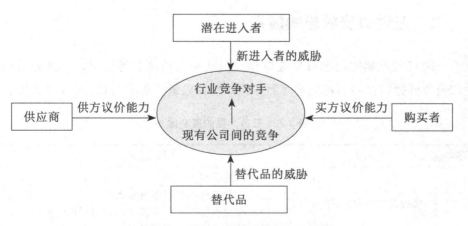

图 1-12　五力分析模型竞争态势分析

五力分析模型确定了竞争的五种主要来源，即供应商的讨价还价能力、购买者的讨价还价能力、潜在竞争者进入的能力、替代品的替代能力、行业内竞争者现在的竞争能力。

五力分析模型的基本关系，如图1-13所示。

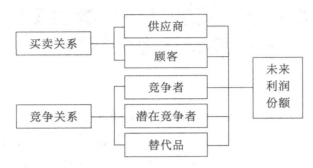

图1-13　五力分析模型的基本关系

竞争力量的不断加强，会导致利润水平的不断降低，具体如图1-14所示。

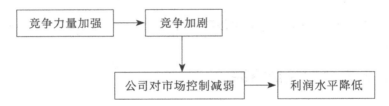

图1-14　五种竞争力量决定了行业的利润水平

二、五种力量的影响因素

一种可行战略的提出首先应该包括确认并评价这五种力量，不同力量的特性和重要性因行业和公司的不同而变化。五种力量的影响因素，如表1-6所示。

表1-6　五种力量的影响因素

序号	五种力量	影响因素
1	供应商的议价能力	（1）供应商集中程度 （2）品牌。供应商的品牌名气很大吗 （3）供应商的收益率。供应商是否被迫提高价格 （4）供应商是否有前向威胁的可能

续表

序号	五种力量	影响因素
1	供应商的议价能力	（5）质量和服务的角色地位 （6）本行业是否是供应商的核心顾客群 （7）转换成本
2	客户的议价能力	（1）客户的集中程度。行业内存在大量供应商的同时，是否只有少数几个占支配地位的买家 （2）差异化。市场产品是否标准化 （3）客户的利润率。客户是否被迫提供低价 （4）质量和服务的角色地位 （5）行业的前向和后向整合威胁 （6）转换成本。客户是否很容易变更供应商
3	潜在进入者	（1）经济规模 （2）资金/投资需求 （3）可转换成本 （4）经销渠道的可进入性 （5）技术支持的可能性 （6）品牌忠诚度。有无忠诚顾客 （7）现有竞争对手采取报复性措施的可能性 （8）政府规则。新进入者是否会得到政府补贴
4	替代产品或服务的威胁	（1）产品或服务的质量替代品是否质量更好 （2）客户购买替代品的可能性和积极性 （3）替代品的相对价格和性能 （4）转换使用替代品的成本 （5）替代转换是否很容易
5	行业现有竞争程度	（1）竞争结构 （2）产业结构成本。高固定成本的行业鼓励经营者满负荷生产，以尽可能削减产品价格 （3）客户的利润率。客户是否被迫提供低价 （4）产品差异化程度。部分行业（如煤、钢）就是典型的高度竞争行业 （5）转换成本 （6）战略目标 （7）退出障碍

三、五力分析模型与一般战略的关系

五力分析模型与一般战略的关系，如表1-7所示。

表 1-7　五力分析模型与一般战略的关系

行业内的五种力量	一般战略		
	成本领先战略	产品差异化战略	集中战略
进入障碍	具备砍价能力,以阻止潜在对手的进入	提高顾客忠诚度,以挫伤潜在进入者的信心	通过集中战略建立核心能力,以阻止潜在对手的进入
买方砍价能力	具备向大买家提供更低价格的能力	因为选择范围小而削弱了大买家的谈判能力	因为没有选择范围使大买家丧失谈判能力
供方砍价能力	更好地抑制大卖家的砍价能力	更好地将供方的涨价部分转嫁给顾客方	进货量低,供方的砍价能力就高,但集中差异化的企业能更好地将供方的涨价部分转嫁出去
替代品的威胁	能够利用低价抵御替代品	顾客习惯于一种独特的产品或服务降低了替代品的威胁	特殊的产品和核心能力能够防止替代品的威胁
行业内对手的竞争	能更好地进行价格竞争	品牌忠诚度能使顾客不理睬你的竞争对手	竞争对手无法满足集中差异化顾客的需求

四、五力分析模型的优点和局限

（1）五力分析模型的优点。五力模型是一个强有力的行业竞争分析工具,它将大量不同的因素汇集在一个简便的模型中。其独特之处在于由外而内的战略思考方式。

（2）五力分析模型的局限。五力模型是为单个企业的行业竞争分析而设计的,它没有考虑到组织之间的协同效应与依赖关系。此外,由于市场环境瞬息万变,企业更需要灵活的、动态的、随机应变的竞争战略。

第六节　寻求竞争优势的工具
——价值链分析法

价值链分析法是由美国哈佛商学院迈克尔·波特教授提出来的,它是一种寻求企业竞争优势的工具,即利用系统性方法来考察企业各项活动和相互关系,从而找寻具有竞争优势的资源。

一、价值链的思想内涵

价值链分析法把企业内外价值增加的活动分为基本活动和支持性活动。基本活动涉及企业生产、销售、进料后勤、发货后勤、售后服务等;支持性活动涉及人事、财务、计划、研究与开发、采购等,基本活动和支持性活动构成了企业的价值链,具体见图1-15。

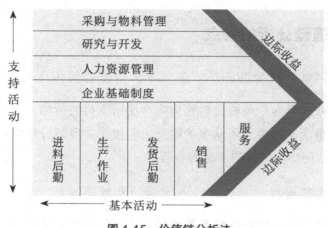

图1-15 价值链分析法

企业在参与价值活动时,并不是每个环节都创造价值,实际上只有某些特定的价值活动才能真正创造价值,这些真正创造价值的经营活动,就是价值链上的"战略环节"。企业要保持的竞争优势,实际上就是企业在价值链某些特定的战略环节上的优势。利用价值链的分析方法来确定核心竞争力,就要求企业密切关注组织的资源状态,特别关注和培养在价值链的关键环节上获得的重要核心竞争力,以形成和巩固企业在行业内的竞争优势。企业的优势既可以来源于价值活动所涉及的市场范围的调整,也可以来源于企业间协调或合用价值链所带来的最优化效益。

二、分析价值链的目的

对企业价值链进行分析是为了确定企业运行的哪个环节可以提高客户价值或降低生产成本。对于任意一个价值增加行为,关键问题在于:

（1）是否可以在降低成本的同时维持价值（收入）不变。

（2）是否可以在提高价值的同时保持成本不变。

（3）是否可以在降低工序投入的同时保持成本收入不变。

（4）更为重要的是，企业能否同时实现以上（1）、（2）、（3）点。

价值链的框架将链条从基础材料到最终用户分解为独立的工序，以方便企业理解成本行为和差异来源。通过分析每道工序系统的成本、收入和价值，业务部门可以获得成本差异，并累计优势。

三、价值链分析的特点

（一）价值链分析的基础是价值，各种价值活动构成价值链

价值是买方愿意为企业提供给他们的产品所支付的价格，也代表着顾客需求的实现。价值活动是企业所从事的物质上和技术上界限分明的各项活动，它们是企业为买方创造有价值的产品的基石。

（二）价值活动可分为两种：基本活动和辅助活动

基本活动是与产品的物质创造及销售、转移给买方和售后服务有关的各种活动。辅助活动辅助基本活动，并通过提供外购投入、技术、人力资源以及各种公司范围的职能对基本活动进行支持。

（1）涉及任何产业内竞争的各种基本活动有五种类型，如表1-8所示。

表1-8 五种基本活动类型

序号	活动类型	说明
1	进料后勤	与接收、存储和分配相关联的各种活动，如原材料搬运、仓储、库存控制、车辆调度、向供应商退货等
2	生产作业	与将投入转化为最终产品形式相关的各种活动，如机械加工、包装、组装、设备维护、检测等
3	发货后勤	与集中、存储、将产品发送给买方有关的各种活动，如成品库存管理、原材料搬运、送货车辆调度等
4	销售	与提供给买方购买产品的方式和引导买方进行购买相关的各种活动，如广告、促销、销售队伍、渠道建设等
5	服务	与提供服务以增加或保持产品价值有关的各种活动，如安装、维修、培训、零部件供应等

（2）任何产业内所涉及的各种支持性活动可以分为四种基本类型，如表1-9所示。

表1-9 四种支持性活动

序号	活动类型	说明
1	采购与物料管理	与企业价值链各种投入有关的活动，采购既包括企业生产原料的采购，也包括支持性活动相关的购买行为，如研发设备的购买等；另外也包含物料的管理作业
2	研究与开发	每项价值活动都包含着技术成分，如技术程序、在工艺设备中所体现出来的技术
3	人力资源管理	涉及所有类型人员的招聘、雇佣、培训、开发和报酬等活动。人力资源管理不仅对基本和支持性活动起到辅助作用，而且支撑着整个价值链
4	企业基础制度	企业基础制度支撑着企业的价值链条，如会计制度、行政流程等

（三）价值链列示了总价值

除价值活动外，价值链还包括利润，利润是总价值与从事各种价值活动的总成本之差。

（四）价值链的整体性

企业的价值链体现在更广泛的价值系统中。供应商拥有创造和交付企业价值链所使用的外购输入的价值链（上游价值），许多产品通过渠道价值链（渠道价值）到达买方手中，企业产品最终成为买方价值链的一部分，这些价值链都在影响企业的价值链。因此，获取并保持竞争优势，不仅要理解企业自身的价值链，而且也要理解企业价值链所处的价值系统。

（五）价值链的异质性

不同的产业具有不同的价值链。在同一产业，不同企业的价值链也有所不同，这反映了企业各自的历史、战略以及实施战略的途径等方面的不同，同时也代表着企业竞争优势的一种潜在来源。

四、价值链分析的内容

（一）识别价值活动

识别价值活动要求在技术上和战略上有显著差别的多种活动相互独立。如前所述，价值活动有两类，即基本活动和辅助活动。

（二）确定活动类型

在每类基本活动和辅助活动中，都有三种不同类型，具体如表1-10所示。

表1-10 活动类型

序号	活动类型	说明
1	直接活动	指直接为买方创造价值的各种活动，如零部件加工、安装、产品设计、销售、人员招聘等
2	间接活动	指使直接活动持续进行的各种活动，如设备维修与管理、工具制造、原材料供应与储存、新产品开发等
3	质量保证	指保证其他活动质量的各种活动，如监督、视察、检测、核对、调整和返工等

这些活动有着完全不同的经济效果，对竞争优势的确立也起着不同的作用，因此，应该加以区分，权衡取舍，以确定核心和非核心活动。

第七节　描述企业战略的工具
——战略地图

战略地图，是以平衡计分卡的四个层面目标（财务层面、客户层面、内部与流程层面、学习与成长层面）为核心，并通过分析这四个层面目标的相互关系而绘制的企业战略因果关系图。

企业如果无法全面地描述战略，那么管理者之间及管理者与员工之间就无法沟通，也一定无法对战略达成共识。

与平衡计分卡相比,战略地图增加了两个层次的内容,一是颗粒层面,每一个层面下都可以分解为很多要素;二是动态层面,也就是说战略地图是动态的,可以结合战略规划过程来绘制。

战略地图适用于描述企业的战略。

一、战略地图的核心内容

战略地图的核心内容是:企业通过运用人力资本、信息资本和组织资本等无形资产(学习与成长),才能创新和建立战略优势和效率(内部流程),并把特定价值带给市场(客户),从而实现股东价值(财务),具体如图1-16所示。

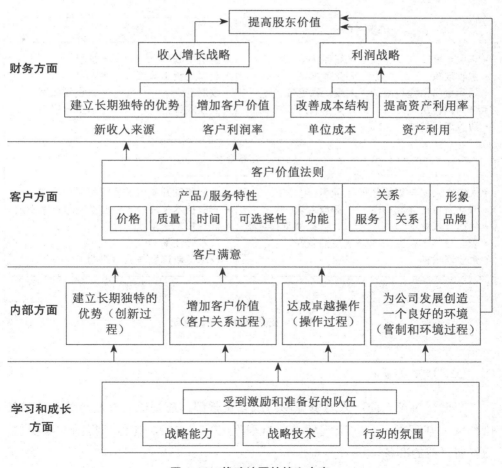

图 1-16 战略地图的核心内容

二、战略地图编制的步骤

（一）对宏观环境进行分析

企业是在一个大的经济环境中运行，所以，企业的发展方向和工作思路势必会受到宏观环境的影响，因此，在进行战略分析的时候，首先要了解宏观环境对企业发展的要求。宏观环境分析主要使用PEST分析工具。

图1-17是宏观环境分析的框架，主要包括政策、经济、社会、技术四个方面，每个方面又可以细分为很多思考角度。参与宏观环境分析讨论的人员一般是包括总经理、副总经理在内的高层管理人员。

政策（P）		经济（E）	
• 环保制度	• 雇佣法律	• 经济增长	• 征税
• 税收政策	• 竞争规则	• 利率与货币政策	• 汇率
• 国际贸易章程与限制	• 政治稳定性	• 政府开支	• 通货膨胀率
• 合同执行法	• 安全规定	• 失业政策	• 消费者信心
• 消费者保护法			
• 人口增长率与年龄分布	• 教育	• 政府研发开支	• 能源利用与成本
• 劳动力与社会流动性	• 健康意识	• 产业技术关注	• 新型发明与技术发展
• 生活方式变革	• 社会福利及安全感	• 信息技术变革	• 互联网变革
• 职业与休闲态度	• 生活条件	• 技术转让率	
• 企业家精神		• 技术更新速度与生命周期	
社会（S）		技术（T）	

图1-17 宏观环境分析的框架

（二）收集资料

在进行讨论之前，人力资源部门或者企管部门应提前给参与讨论的人员安排作业，并下发"企业宏观环境分析表"（见表1-11），让他们提前收集资料，做好研讨前的准备。

表 1-11　某企业宏观环境分析表

填表人：　　　　　　　　　　　　　　　　　部门及岗位：

	问题点	因素（机遇、威胁）	归纳总结
政治/法律因素	（1）国内的政治和法律环境有哪些新的发展和变化，这将给××公司带来哪些长期和短期的影响（如国内产业结构的调整、环保的要求等） （2）当地的法律和政策环境有哪些新的发展和变化，这将给××公司带来哪些长期的和短期的影响（如当地产业结构的调整、环保的要求等）		
经济因素	（1）国内的经济环境对××公司所处的产业有哪些有利和不利的影响 （2）这些影响将会给产业带来哪些变化 （3）××公司应该如何适应这种变化		
社会文化因素	（1）当前整个社会环境和国人观念的变化（如绿色、环保理念）对整个产业的发展有哪些影响 （2）这些影响将给整个产业环境带来哪些变化 （3）××公司应该如何应对这种变化		
技术因素	（1）整个产业新技术的发展主要有哪些趋势 （2）这些趋势将给整个产业的发展带来哪些变化 （3）这些变化将给××公司自身的发展带来哪些长期的和短期的影响		

需要注意的是，作业安排下去，并不能保证可以全部收回，也不能保证作业的质量一定合格。因此，作为专业推进部门的人力资源部或者企管部需要持续跟进与辅导，并关注作业完成的进度和质量，以确保在研讨会上，大家的作业都能作为会议资料使用。

（三）召开研讨会

在召开研讨会的时候，会议主持人需要准备一份研讨框架，以便在研讨的时候引导大家积极讨论。

根据前期收集的资料和准备的研讨框架，专业部门（人力资源部或企管部）组织大家讨论宏观环境对企业战略的影响，并收集参与讨论人员的意见和建议。

召开讨论会的目的是，一方面，通过大家不同的视角审视宏观环境对战略的影响；另一方面，通过讨论，把大家的观点进行融合，慢慢形成一个统一的认识，这一点比收集资料重要得多。

因此，作为主持人，一定要不断地鼓励大家踊跃发言，提出不同的观点，并在高层管理人员之间形成观点的碰撞，以便最终在宏观环境对企业战略的影响上达成共识。通过宏观环境分析，可以得出宏观环境对企业机会与威胁的判断。

（四）梳理战略重点

在上述讨论分析的基础上，罗列出企业的战略重点，如某企业的战略重点有：多渠道提升销售量，保持一定的利润水平，控制成本费用，搭建端到端的高效运营平台，打造一流的研发能力，打造客户导向、创新、速度三大组织能力，搭建战略人力资源管理体系，营造基于战略的文化氛围等。表1-12是某企业的战略重点。

表1-12 某企业的战略重点

战略目标	战略举措	衡量指标
到××年，实现销售收入××亿元。具备上市条件。成为全国最好的××服务商	（1）制订人力资源规划，围绕公司的战略目标，满足公司不同发展阶段人员数量和胜任力的需要	人力资源规划
	（2）建设完善的公司激励机制，建立以绩效考核为导向的组织氛围	激励机制建设
	（3）建立和完善职业发展通道，制定适应公司发展的人才梯队建设政策和人才培养政策	职业发展通道与梯队建设
多渠道迅速提升销售量	（1）拓展招聘甄选渠道，满足公司的人员需求	招聘计划完成率
	（2）根据公司的发展战略，适时调整和完善公司的组织结构、部门职责、岗位体系、定岗定编等工作	组织管理工作评价
	（3）参与制定各系统的激励政策，并督导实施	激励政策制定
保持一定利润水平	（1）提高人岗匹配度，降低人力成本	工资总额占销售收入的比值
	（2）评估岗位饱和度，适时调整和丰富工作职责，提高工作效能	工作职责调整及时到位
优化成本结构，控制成本费用	（1）合理化行政、后勤、人事成本结构	成本优化工作评价
	（2）对公司的人力成本支出进行审核	审核差错次数
	（3）合理评估适应公司战略发展的薪酬策略	制定薪酬策略

根据前面的分析，把适合企业未来1～3年发展的战略重点梳理出来，为后面的战略地图研讨做好准备。

（五）形成战略地图

战略地图的核心是客户价值主张，即未来企业区别于其他企业的竞争差异点。应找出与众不同的竞争策略，并把它们呈现在战略地图上，然后往上支撑企业战略，往下指导内部流程改善，最后落实到人员的管理上。

（六）战略举措分解

战略地图明确以后，就要进行战略举措的分解。战略举措，就是针对战略目标，确定每个部门该做哪些重点工作，然后一个部门一个部门地进行分解，具体如表1-13所示。

表1-13 战略举措分解

战略目标	战略举措	衡量指标
搭建端到端的高效运营平台（高质量、低成本、即时交货、咨询服务）	组织研发系统、营销系统、生产系统的培训。提高员工业务素质和工作技能，为搭建端到端的高效运营平台提供人才和能力支持	培训计划完成率
为客户提供性价比最好的产品	—	—
多渠道客户服务	—	—

第八节 用于企业决策的工具——KT决策法

一、什么是KT决策法

KT决策法是一种思考系统，即就事情各自的程序，按照时间、场所等，明确区分发生问题的情形和没有发生问题的情形，并由此找出原因和应该解决的办法。它是由美国人查尔斯·H·凯普纳（CharlesH. Kepner）和本杰明·特雷高（Benjamin B. Tregoe）二人合创研究发明出来的。

它是最负盛名的决策模型，许多世界500强企业都导入了KT决策法。

KT决策法适用于企业决策。

二、KT决策法的步骤

利用KT法进行决策，是按照"合理的思考程序"的四个步骤来实施的，如图1-18所示。

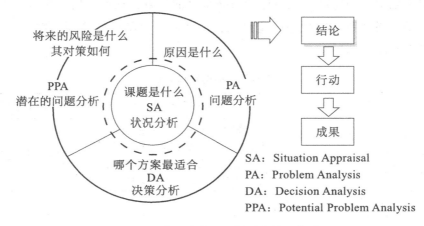

图1-18　四个思考状况及其对应的思考过程

（一）状况分析——SA

状况分析就是将课题明确化。课题是决策的第一要素，没有课题也就不需要决策。SA主要解决以下几个问题：

（1）为了什么提出课程，即明确课题要解决的问题。

（2）不要盲目地倾向某种思想，而是要明确应当掌握哪些事实，并分清模糊和清楚的事实。

（3）在掌握事实的前提下决定课题。

（4）对设定的课程设计优先顺序，以便快速开始行动。

状况评估可分为四个阶段，如图1-19所示。

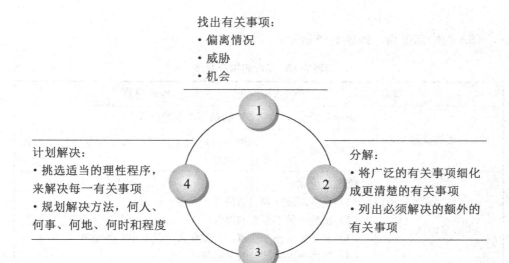

图 1-19　状况评估阶段

在 SA 阶段，可以利用表 1-14 所示的"SA 工作表"来进行课题的梳理。

表 1-14　SA 工作表

主题：　　　　　　　　　　　　　　　　　　　　　　　立场：

对关心事的认识			分离（列举涉及关心事的事实）	制作说明	设置优先顺序				定位过程	截止期限	负责人
列举关心事	明确关心事	评价/选择			S	U	G	顺序			

SA 的检查重点，如表 1-15 所示。

表 1-15　SA 的检查重点

事项		检查重点
主题的设置	现状分析型	××的重要课题是什么
	目标达成型	何时为止、为了达成什么（程度如何）而提出什么课题
关心事的认识		整理的重点： （1）语言简练→有主谓关系 （2）重复→留下有用的部分 （3）亲子关系→子（事实）移向亲（关心事）的分离 （4）原因→返回结果的关心事 （5）对策→返回必要的理由
分离		（1）尽量多举例子，灵活使用 3W1E 法（What、Where、When、Extent） （2）确认 IS NOT（事实对比）进展得顺利的事物，如其他公司、其他人等 （3）SHOULD（基准）/ACTUAL（事实）两方面都必须举例 （4）列举分析者不明白、不知道的信息
说明		（1）说明每个组合分离的事实 （2）文章必须用简明易懂的语言 （3）注意说明的妥当性，当初是否确认了关心事

（二）问题分析——PA

分析问题的目的就是找到原因。一般而言，有三种情况需要掌握原因：一是出现问题时，二是想采取对策时，三是防止未来出现的风险时。PA 的关键是要将结果性的现象与原因性的现象分开，避免二者混同。

1.问题分析的架构与程序

问题分析的架构与程序，如图 1-20 所示。

2.利用 PA 工作表

在进行问题分析时，可利用 PA 工作表，如表 1-16 所示。

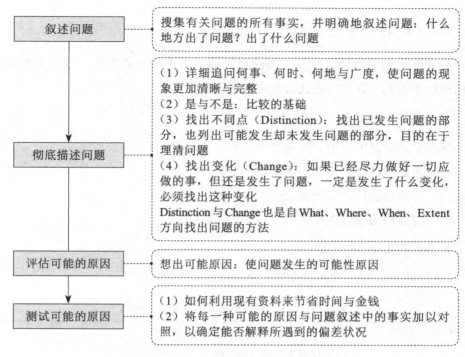

图 1-20 问题分析的架构与程序

表 1-16 PA 工作表

差异说明：

		已发生的事实 IS	发生也没关系，但没有发生的事实 IS NOT	区别点 IS 的特征	与区别点相关的变化
What	对象				
	缺陷				
Where	场所				
	对象部位				
When	日期				
	场合				
Extent	程度				
	倾向				
假设原因		测试		MPC	证据

（三）决策分析——DA

决策分析是根据课题以及查明的原因制定出更适当的方案。方案是解决课程的途径，因此，好的方案通常会带来好的效果。

1. 良好决策的要素

能否做出良好的决策，要视以下三项要素而定：

（1）对必须满足的特殊事项所做的定义。

（2）对所有选择方案所做的评估。

（3）对这些选择方案可能产生后果的了解。

2. DA决策分析的过程

DA决策分析的过程及解决的问题，如表1-17所示。

表1-17 DA决策分析的过程及解决的问题

序号	步骤	解决的问题	
1	决策叙述	（1）这项决策的目的是什么 （2）决策的层次如何	
2	决策目标	列出条件	（1）长期或短期的目标是什么 （2）有哪些可利用或保留的资源 （3）有哪些限制因素影响选项 （4）与下列有关的决策标准是什么：人员、决策、组织、政府、客户、法规、个人、金钱、产品/服务、竞争力、原材料、生产力、设备、研究、器材 （5）哪些条件须再次说明，并将条件分类为： • 必要与需要 • 哪一项是强制性的 • 每一项条件的衡量性有何限制 • 哪一项条件是比较性的而非强制性的 • 哪一项必要条件应该反映在需要条件中
		加权分数，评估需要条件	每一项需要条件的重要性如何
3	评估选择方案	（1）列举选择方案：有哪些不同的选择 （2）以必要条件过滤选择方案：这一选择方案应符合必要条件 （3）以需要条件比较选择方案：以每一项需要条件衡量所有的选择方案	

续表

序号	步骤	解决的问题
4	评估风险	（1）可能的不良后果很接近必要条件的限制时，可能有什么影响 （2）关于这项选择方案的数据是否完备 （3）如果数据不够完备，会有何影响 （4）如果选择此方案，在长期或短期以后，有哪些事情可能出现差错 （5）评估威胁性：每一项不良后果发生的概率有多大 （6）如果发生不良后果，严重性如何
5	制定决策	做最适当的选择：哪一项方案在可承担的风险内有最大的利益

在进行决策分析时，可以利用 DA 工作表来进行，如表 1-18 所示。

表 1-18 DA 工作表

决定说明：

目标		A方案		B方案		C方案		D方案	
MUST（必须）		信息	GO NO GO	信息	GO NO GO	信息	GO NO GO	信息	GO NO GO
WANT（需要）	重量 W	信息	S	WS	信息	S	WS	信息	S	WS
合计（ΣW×S）										

说明：W 指权重，根据其重要性用数字 1～10 来表示；S 表示评价分数，用 1～10 来表示；Go/No Go 表示可以实施/不可以实施。

（四）潜在问题分析——PPA

很多问题的解决可能会产生其他的相关问题。企业决策中的大多数问题是相互关联的，好的决策不仅要解决目前的问题，还要考虑潜在的问题。即使目前的方案是最好的，其实施通常也需要一个很长的过程，且这期间可能会出现一些事先没有考虑到的因素变化，而潜在问题的分析可以充分防止和及时解决这些问题，并完成决策全过程的管理。PPA 的实施过程，如表1-19所示。

表 1-19 PPA 的实施过程

序号	步骤	检查重点
1	完成事项的明确化	（1）实施计划说明是把"到何时将何事做到什么程度"描述出来 （2）对实施对策的研究不够充分时，要再一次确认"为了什么目的而实施某件事情" （3）实施计划说明标准的可行与否是由分析担当者来确认的
2	推测潜在的问题	（1）对于重大领域，参考目标检查表等考虑具体的风险 （2）潜在的问题与 DA 的负面影响不同，由于在下一步中还有"原因推测"，所以这一步只记录风险就可以
3	发生原因的推测	为了防止出现对策的遗漏，要针对每一个潜在的问题列举多个原因
4	确定预防对策和紧急对策	制定对策时要将风险预防与机会利用结合起来考虑，要准备风险发生后不打算放弃目标的措施

在进行潜在问题分析时，可以使用 PPA 工作表来进行，如表1-20所示。

表 1-20 PPA 工作表

实施计划说明：

立场：

实施计划	重大领域	潜在问题的假设	P	S	发生原因	P	预防对策	紧急对策	触发信息

说明：1. P：probability；S：seriousness。

2. S 栏影响度请用以下符号进行标记：◎（大）；○（中）；△（小）。

第二章 企业组织管理

引言：

组织是指由诸多要素按照一定方式相互联系起来的系统，管理者必须在组织中才能实施领导职权。企业组织管理，具体地说，就是为了有效地配置企业内部的有限资源，为了实现一定的共同目标而按照一定的规则和程序构成的一种责权结构安排和人事安排，其目的是确保以最高的效率，实现组织目标。也可以说，是对企业管理中建立健全管理机构、合理配备人员、制定各项规章制度等工作的总称。

第一节 组织结构设计

一、何谓组织结构

组织结构（Organizational structure），是表明组织各部分排列顺序、空间位置、聚散状态、联系方式以及各要素之间相互关系的一种模式；是整个管理系统的"框架"；是组织的全体成员为实现组织目标，在管理工作中进行分工协作，在职务范围、责任、权利方面所形成的结构体系。

组织结构图描述了一个组织内部部门的设置情况以及各部门之间的关系，与其相对应的是部门职能说明书。某企业的组织结构，如图2-1所示。

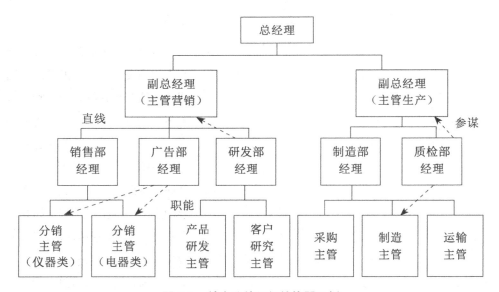

图2-1 某企业的组织结构图示例

二、组织结构的四个方面

组织结构一般分为职能结构、层次结构、部门结构、职权结构四个方面，如表2-1所示。

表 2-1　组织结构的四个方面

组织结构	内容
职能结构	是指实现组织目标所需的各项业务工作以及比例关系。其考量维度包括职能交叉（重叠）、职能冗余、职能缺失、职能割裂（或衔接不足）、职能分散、职能分工过细、职能错位、职能弱化等方面
层次结构	是指管理层次的构成及管理者所管理的人数（纵向结构）。其考量维度包括管理人员分管职能的相似性、管理幅度、授权范围、决策复杂性、指导与控制的工作量、下属专业分工的相近性等
部门结构	是指各管理部门的构成（横向结构）。其考量维度主要是一些关键部门是否缺失或优化。从组织总体形态与各部门一、二级结构进行分析
职权结构	是指各层次、各部门在权力和责任方面的分工及相互关系。主要考量部门、岗位之间权责关系是否对等

三、几种常见的组织结构形式

（一）直线制

直线型组织结构也称为单线型组织结构，是最早使用，也是最为简单的一种组织结构类型，如表2-2所示。"直线"是指在这种组织结构中职权从组织上层"流向"组织的基层。

表 2-2　直线制组织结构

图形示例	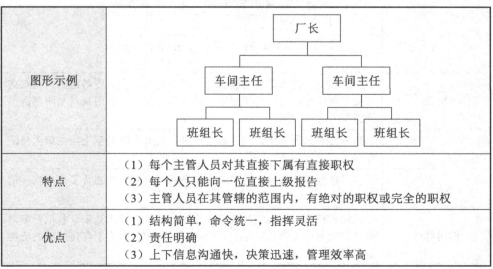
特点	（1）每个主管人员对其直接下属有直接职权 （2）每个人只能向一位直接上级报告 （3）主管人员在其管辖的范围内，有绝对的职权或完全的职权
优点	（1）结构简单，命令统一，指挥灵活 （2）责任明确 （3）上下信息沟通快，决策迅速，管理效率高

续表

缺点	（1）管理工作简单粗放 （2）主管人员负担过重 （3）成员之间和组织之间横向联系差
适用范围	只适用于那些没有必要按职能实行专业化管理的小型企业或应用于现场作业管理

（二）职能制

职能制组织结构除在各级行政部门设立主管负责人外，还相应地设立了一些职能机构。比如，在厂长下面设立职能机构和人员，来协助其从事职能管理工作，如表2-3所示。

表2-3 职能制组织结构

图形示例	厂长→职能科室、职能科室→车间、车间、车间→职能组、职能组→班组、班组、班组
特点	按专业分工设置职能管理部门，各职能部门在其业务范围内有权向下级发布命令，每一级组织既服从上级的指挥，也服从几个职能部门的指挥
优点	能发挥专家的作用，对下级工作进行指导，减轻了上层主管人员的负担
缺点	容易形成多头领导，造成下级无所适从，极大地违背了统一指挥的原则
适用范围	适用于任务较复杂的社会管理组织以及生产技术复杂、各项管理需要专门知识的企业管理组织。在实际工作中，其实不存在纯粹的职能型组织结构

（三）直线职能制

直线职能制，也叫生产区域制或直线参谋制。它是在直线制和职能制的基础上，取长补短，并吸取这两种形式的优点而建立起来的组织结构，如表2-4所示。

表 2-4　直线职能制组织结构

图形示例	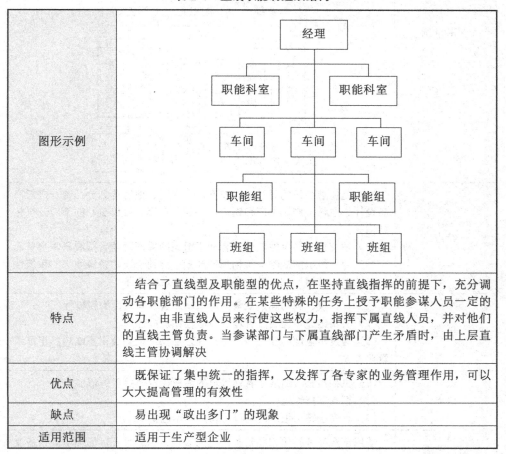
特点	结合了直线型及职能型的优点，在坚持直线指挥的前提下，充分调动各职能部门的作用。在某些特殊的任务上授予职能参谋人员一定的权力，由非直线人员来行使这些权力，指挥下属直线人员，并对他们的直线主管负责。当参谋部门与下属直线部门产生矛盾时，由上层直线主管协调解决
优点	既保证了集中统一的指挥，又发挥了各专家的业务管理作用，可以大大提高管理的有效性
缺点	易出现"政出多门"的现象
适用范围	适用于生产型企业

（四）事业部制（斯隆模型、M型结构）

事业部制组织结构最早是由美国通用汽车公司总裁斯隆于1924年提出的，故有"斯隆模型"之称，也叫"联邦分权化"，是一种高度（层）集权下的分权管理体制，其结构图是M形的，如表2-5所示。

表 2-5 事业部制组织结构

图形示例	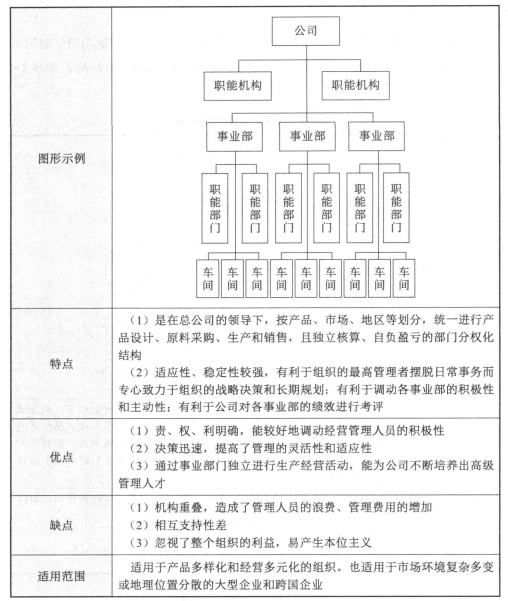
特点	（1）是在总公司的领导下，按产品、市场、地区等划分，统一进行产品设计、原料采购、生产和销售，且独立核算、自负盈亏的部门分权化结构 （2）适应性、稳定性较强，有利于组织的最高管理者摆脱日常事务而专心致力于组织的战略决策和长期规划；有利于调动各事业部的积极性和主动性；有利于公司对各事业部的绩效进行考评
优点	（1）责、权、利明确，能较好地调动经营管理人员的积极性 （2）决策迅速，提高了管理的灵活性和适应性 （3）通过事业部门独立进行生产经营活动，能为公司不断培养出高级管理人才
缺点	（1）机构重叠，造成了管理人员的浪费、管理费用的增加 （2）相互支持性差 （3）忽视了整个组织的利益，易产生本位主义
适用范围	适用于产品多样化和经营多元化的组织。也适用于市场环境复杂多变或地理位置分散的大型企业和跨国企业

（五）矩阵制

矩阵制组织结构是既有按职能划分的垂直领导系统，又有按产品（项目）划分的横向领导关系的结构，如表2-6所示。

表 2-6 矩阵制组织结构

图形示例	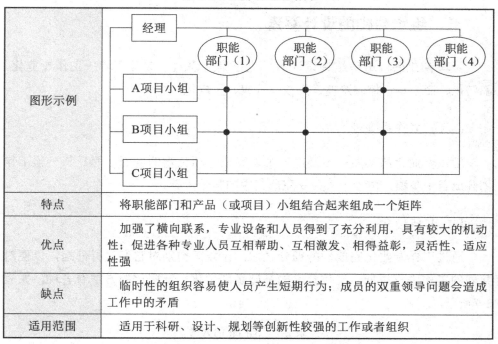
特点	将职能部门和产品（或项目）小组结合起来组成一个矩阵
优点	加强了横向联系，专业设备和人员得到了充分利用，具有较大的机动性；促进各种专业人员互相帮助、互相激发、相得益彰，灵活性、适应性强
缺点	临时性的组织容易使人员产生短期行为；成员的双重领导问题会造成工作中的矛盾
适用范围	适用于科研、设计、规划等创新性较强的工作或者组织

四、组织结构的设计原则

组织结构设计应遵循五大原则，如图 2-2 所示。

原则一	组织结构设计要服从每一项工作的任务和目标，尤其是价值链上的目标
原则二	部门、岗位划分应充分考虑各部门、工作单元的劳动分工和协作，企业的现状与资源；明确部门和岗位的权限和职责
原则三	压缩管理层级的扁平化原则
原则四	命令统一、权责对等；加强职能部门预算、计划和稽查工作；业务部门事前协调、事中控制、事后总结
原则五	组织设计应能简化流程，有利于信息通畅、决策迅速、部门协调；充分考虑交叉业务活动的统一协调性、过程管理的整体性

图 2-2 组织结构的五大设计原则

五、组织结构的设计要素

管理者在进行组织结构设计时,应正确考虑六个关键因素:工作专业化、部门化、命令链、控制跨度、集权与分权、正规化。

(一)工作专业化

工作专业化的实质:不是由一个人完成一项工作的全部,而是将一项工作划分成若干步骤,由一个人独立完成其中的某个步骤。

(二)部门化

通过工作专业化完成任务细分之后,应按照类别对它们进行分组,以便对共同的工作进行协调。工作分类的基础是部门化,部门化的方法有五种,如表2-7所示。

表 2-7 部门化的方法

序号	部门化的方法	举例说明
1	根据活动的职能进行部门化	例如,制造业的经理把工程、会计、制造、人事、采购等方面的专家划分为一个部门来组织生产
2	根据组织生产的产品类型进行部门化	例如,太阳石油产品公司的三大主要领域(原油、润滑油和蜡制品、化工产品)各被一位副总裁统辖,每位副总裁都是本领域的专家,都对与其生产线有关的一切问题负责,都有自己的生产和营销部门
3	根据地域进行部门化	例如,就营销工作来说,根据地域,可分为东、西、南、北4个区域,每个区域可形成一个部门
4	根据过程进行部门化	例如,某铝试管厂,生产过程由5个部门组成:铸造部、锻压部、制管部、成品部、检验包装运输部
5	根据顾客的类型进行部门化	例如,一家销售办公设备的公司可下设3个部门:零售服务部、批发服务部、政府部门服务部。比较大的法律事务所可根据其服务对象来分设部门

当然,大型企业进行部门化时,可综合利用上述方法,能取得更好的效果。

（三）命令链

命令链（chain of command）是一种不间断的权力路线，从组织的最高层扩展到最基层，澄清谁向谁报告工作。它能够回答员工提出的下列问题："我有问题时，去找谁？""我对谁负责？"

（四）控制跨度

一个主管可以有效地指导多少个下属？这种有关控制跨度的问题非常重要，因为在很大程度上，它决定着企业要设置多少层次，配备多少管理人员。在其他条件相同时，控制跨度越宽，企业效率越高，如图2-3所示。

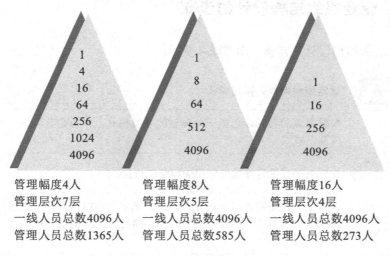

图 2-3　控制跨度

假设有两个企业，基层操作员工都是4096人，如果一个控制跨度为4，另一个为8，那么控制跨度宽的企业比控制跨度窄的企业在管理层次上少两层，可以少配备800人左右的管理人员。

（五）集权与分权

集权与分权是指职权在不同管理层之间的分配与授予。职权的集中和分散是一种趋向性，是一种相对的状态。企业中的权力较多地集中在企业的高层，即为集权；权力较多地下放给基层，则为分权。

集权有利于企业实现统一指挥、协调工作和更为有效的控制；但会加重上层领导者的负担，从而影响决策质量，并且，不利于调动下级的积极性。而分权的优缺点则与集权相反。

（六）正规化

正规化（formalization）是指企业中的工作实行标准化的程度。如果一种工作的正规化程度较高，就意味着做这项工作的员工对工作内容、工作时间、工作手段没有太多自主权。工作标准化不仅减少了员工选择工作行为的可能性，而且让员工无须考虑其他行为选择。

六、企业组织结构设计的步骤

企业组织结构设计的步骤，如图2-4所示。

第一步 确定组织架构的基础模式

根据企业的实际，选择一个典型的组织模式，作为企业组织架构的基础模式

第二步 确定各子系统目标功能作用的担负工作量

根据目标功能树系统分析模型，分析确定企业内部各子系统目标功能作用的担负工作量。要考虑的因素有：企业的规模；企业的行业性质

第三步 确定职能部门

根据企业内部各个子系统的工作量大小和不同子系统之间的关系，来确定企业职能管理部门。即把关联关系和独立关系，且工作量不大的子系统的目标功能作用合并起来，由一个职能管理部门负责协调和汇总。把存在制衡关系的子系统的目标功能作用分别交由不同的单位、部门或岗位来承担

第四步 平衡工作量

对所拟定的各个单位、部门的工作量进行大致的平衡。要避免将存在制衡关系的子系统的目标功能作用划归为同一单位承担

| 第五步 | 确定下级对口单位、部门或岗位的设置 |

如果企业下属的子公司、独立公司、分公司规模仍然比较大,上级职能管理部门无法完全承担其相应子系统目标功能作用的工作协调和汇总,就有必要在这个层次上设置对口的职能部门或者专员岗位

| 第六步 | 绘制组织架构图 |

直观地勾画出整个企业的单位、部门和岗位之间的关系,及所承担的子系统目标功能作用的相应工作

| 第七步 | 拟定企业系统分析文件 |

为企业组织架构确立规范。企业系统分析文件具体描绘了企业内部各个子系统的目标功能作用(如由哪些单位、部门或者岗位来具体承担,以及所承担的内容),并对职责和权力进行界定

| 第八步 | 根据企业系统分析文件撰写组织说明书 |

在组织结构图的基础上,分析界定各个单位、部门组织和岗位的具体工作职责、享有的权利、信息传递路线、资源流转路线等

| 第九步 | 拟定单位、部门和岗位工作标准 |

明确界定各个单位、部门和岗位的工作职责、工作目标、工作要求

| 第十步 | 工作说明 |

根据企业系统分析文件、组织说明书及单位、部门和岗位工作标准进行工作分析,并撰写工作说明书。除了界定前述内容外,还要明确界定任职的条件和资格

| 第十一步 | 后续工作 |

就上述文件进行汇总讨论,通过后正式颁布,即完成了组织结构调整改造工作

图 2-4　企业组织结构设计的步骤

第二节 虚拟管理

一、何谓虚拟管理法

虚拟管理法就是对虚拟团队进行管理与协调，从而提高团队效率。

虚拟团队是指在虚拟工作环境下，由一些跨地区、跨组织的成员通过通信和信息技术的联结来完成共同任务的组织，也就是说，虚拟团队不依赖于看得见、摸得着的办公场所而运作，但同时又是一个完整的团队，有着自己的运行机制。

虚拟管理法适用于团队管理、企业组织构建、虚拟组织管理等相关方面。

二、虚拟团队的特征

虚拟团队的存在受时间和空间的限制，成员来自分散的地区，缺乏成员之间相互接触时所具有的特征。

虚拟团队通常利用最新的网络、移动电话、可视电话会议等技术实现基本的沟通。

三、虚拟管理的主要形式

虚拟管理的主要形式有：虚拟实践社团、人力资源外包、员工自助式服务。

四、虚拟团队管理的要领

虚拟团队管理要遵循一定的要领，如图2-5所示。

图2-5 虚拟团队管理的要领

（一）建立和维系信任

尽管虚拟团队是一个完整的团队，但与传统的实体团队有着明显的区别，它具有自己的特征和运行机制。面对这种无形的团队，传统的命令和控制方式已不再有效，要真正管理好虚拟团队，就必须调整团队成员的定位，并在团队中树立起良好的信任氛围。

（二）建立新型管理体制

建立新型管理体制，要从表2-8所列方法着手。

表2-8　建立新型管理体制的方法

序号	方法	说明
1	调整成员角色定位	虚拟团队成员一般以知识型员工居多，应该把他们从"劳动者"角色转为"会员"角色。作为会员，他们须签订会员协议，并享有相应权利和责任，最重要的是要参与管理
2	明确团队的战略目标	在虚拟团队中，战略目标是领导关系的替代，明确的目标是成员协同工作的基础。因此，团队在建立之初，要尽量让每个成员了解团队的目标和愿景，并及时获取员工的反馈信息，在互动中加深其对目标、任务以及在团队中的角色的理解。此外，在团队运转中，要尽量掌握每一成员的工作状况，及时纠正工作中的偏差
3	建立信任关系	（1）信而有情：组织的虚拟程度越高，人们对人情味的需求就越强烈 （2）信而有限：无限的信任既不现实，也不合理，组织对虚拟团队成员的信任其实就是一种信心，即对成员能力以及对他们执行目标的决心和信心 （3）信而有约：对于一个追寻商业目标的组织而言，信任不仅仅是一种主观行为，它还应该和契约联系在一起 （4）信而有学：为实现最大程度的信任而建立的封闭式工作单元，如果不能跟上市场、客户和技术的变化，会对整个组织造成巨大的损失，为此，组织应该让员工时时刻刻紧跟企业及环境变化的步伐，并形成一种不断学习的文化
4	建立有效的激励与约束机制	首先，在给予充分信任的同时，必须保证个体目标和整个团队目标的一致性，这就要求把信任和契约联系在一起，以契约的形式明确成员的权利、义务以及违约责任等。其次，在把握虚拟团队成员组成特点的基础上，深入研究各虚拟成员的需求，构建有效的激励机制，如建立良好的团队环境、提供挑战性的工作、给予丰厚的回报、组织跨地域学习与交流等

(三)虚拟团队技术手段的管理与协调

信息通畅是虚拟团队正常运转的根本保障,因此,技术手段的可靠性是团队应该关心的首要问题。首先,团队要选择一种适合的、可靠性强的、效率高的通信技术作为团队的主要沟通渠道,同时要交叉运用多种沟通方式,以防止某种技术手段突发故障而影响整个团队的进程。其次,要加强对技术设施的配备,技术手段的使用、更新以及开发的管理,并及时对成员进行必要的培训。

(四)虚拟团队知识信息的管理与协调

在虚拟团队网络中,每个结点都是知识和信息的积聚,这些知识和信息在整个网络中的流动,必将大大提高整个团队的竞争优势与创新能力。因此,在注重发挥成员个体比较优势的同时,应通过互动式学习和交流,建立起知识与信息共享的内部环境。同时要注重营造知识与信息共享的文化氛围,最大限度地实现知识和信息共享。此外,为了减少信息在交流中丢失、失真与误解,可在一定范围内实行信息标准化,以规定的格式、编码等实现信息的传递。

(五)虚拟团队跨文化的管理与协调

首先,可以通过文化敏感性培训,让成员了解文化差异的状况以及可能带来的相应问题,并促使成员接受和认可他人的文化背景,尊重他人的语言风格以及行为习惯、宗教信仰等,以减少不同文化带来的冲突。其次,在尊重成员个体文化背景的基础上,加强团队文化建设,形成与整体目标一致的团队文化。在团队运作过程中要充分沟通信息,加强协调,促进团队文化的形成。

(六)虚拟团队成员的管理与协调

在对团队成员的管理与协调中,还应注意营造团队的"社区"氛围,使成员产生归属感,增强群体意识。在虚拟的社区内,允许成员自由交流,让他们彼此成为朋友和伙伴。此外,还要注重增加成员之间面对面交流的机会,如定期会晤、组织培训、相互走访等。

五、虚拟管理的缺陷

虚拟管理因为虚拟的特征存在着以下潜在的隐患:

(1) 信任为企业的经营管理者与员工的沟通带来了生机,却也让虚拟团队的管理层陷入两难的境地。为了团队的高效工作,经营管理者必须足够信任团队的每个成员,然而,团队成员又如何把自己的信任寄托给一个看不见的"虚拟化组织"呢?

(2) 在知识经济时代,员工不再是"人力资源",而是"人力资产"。他们所代表的无形资产在很多企业中已经远远超过了有形资产的价值,在高科技领域尤其如此。作为高价值无形资产的代表者,他们可以轻易离开现在所处的团队,尤其是以信任而非控制为主导管理思想的团队。这一风险的存在往往会引发恶性循环:投资者为回避风险,急于收回投资,不惜采用短期行为;与此同时,管理层迫于投资者的压力,只能拼命压榨现有员工,而这些又将加速员工的离开。

(3) 消除虚拟团队中存在的恶性循环,最理想的方法是改变"员工"的角色定位,把他们从"劳动者"的角色转换为"会员"的角色。作为会员,他们要签订会员协议,享有相应的会员权利和责任,最重要的是要参与企业的管理。

(4) "劳动者"到"会员"的转变,无疑会削减企业所有者的权力。因此,股东的角色也必须相应地从"所有者"转换为"投资者",他们追求回报,同时又要承担风险。另外,他们不能越过"会员"转卖公司,或是轻易向管理层发号施令。

第三节 非正式组织

一、何谓非正式组织

非正式组织是"正式组织"的对称。最早由美国管理学家梅奥通过"霍桑实验"提出,是人们在共同的工作过程中自然形成的以感情、喜好等情绪为基础的松散的、没有正式规定的群体。这些群体有着共同的信仰、经历、利益、观点、习惯或准则等。

人们在正式组织所安排的共同工作和相互接触中,必然会以感情、性格、爱好等为基础形成若干人群,这些群体不受正式组织行政部门和管理层次等的限制,也没有明确规定的正式结构,但在其内部会形成一些特定的关系结构以及一些不成文的行为准则和规范,如图2-6所示。

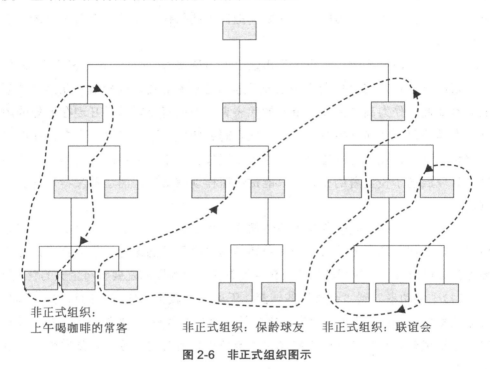

图 2-6 非正式组织图示

二、非正式组织与正式组织的比较

非正式组织与正式组织的比较,如表2-9所示。

表 2-9 非正式组织与正式组织的比较

序号	比较点	非正式组织	正式组织
1	形成过程	非正式组织是个人、社会关系的网络,是在人际交往中感情相投的基础上自发产生的	正式组织是在组织工作职能的实施过程中,随着组织结构的建立而形成的

续表

序号	比较点	非正式组织	正式组织
2	注重	非正式组织关注的是人及其关系，即感情	正式组织强调以权力、责任体现正式地位
3	威望	非正式组织的权力属于个人	正式组织的权威依附于职位，一个人只有在那个职位上才拥有权威
4	形式	非正式组织的权力带有个人色彩	正式组织的权力具有官方色彩

三、非正式组织对企业管理的影响

非正式组织对企业管理的影响既有负面的，也有正面的，具体如表2-10所示。

表2-10 非正式组织对企业管理的影响

负面影响	正面影响
• 抵制变革。非正式组织往往变成一种力量，刺激人们产生抵制革新的心理 • 滋生谣言。谣言在非正式组织中，极易牵强附会、以讹传讹、信以为真 • 阻碍努力。有些人员特别努力地工作，会受到非正式组织中其他成员的干涉 • 操纵群众。有些成员居然成了非正式组织的领袖，并利用其地位，对群众施加压力进行操纵	• 弥补不足。正式组织无论其政策与规章制定得如何严密，总会有遗漏，非正式组织可辅助正式组织，弥补正式组织的不足 • 协助管理。正式组织若能得到非正式组织的支持，则可提高工作效率，从而促进任务的完成 • 加强沟通。非正式组织可使员工在受到挫折或遭遇困难时，有一个发泄的通道，从而获得安慰与满足 • 纠正管理。非正式组织可促使管理者，对某些问题做出合理的处置，产生制衡的作用

四、非正式组织的分类

可以从"安全性"和"紧密度"两方面对非正式组织进行划分。这里的"安全性"是与破坏性相对立的，凡是积极的、正面的、有益的活动都是"安全"的，如满足成员归属感、安全感的需要，增强组织的凝聚力，既有助于组织成员的沟通，也有助于组织目标的实现；凡是消极的、反面的、有害的都是"危险"的，如抵制变革，滋生谣言，操纵群众，阻碍努力，使高素质、高绩效的员工流失等。而"紧密度"是与松散性相对立的，凡是有固定成员、有活动计划、有固定领导的,都是"紧密度"高的;反之则是"紧密度"低的。在具体评价中,可以以"安全性"和"紧密度"这两项指标作为横向坐标和纵向坐标,绘制出有四个区间的分类图,如图2-7所示。

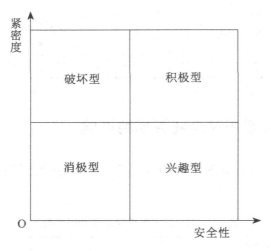

图2-7 非正式组织的划分

在上图中,横轴表示"安全性",纵轴表示"紧密度"。每项指标分为两段,表示其程度,从左下角的原点向右和向上递增,把非正式组织分成了四种类型,具体如表2-11所示。

表2-11 非正式组织的类型及特点

序号	类型	特点说明
1	消极型	既不安全,也不紧密。这种非正式组织的内部没有一个得到全部成员认可的领袖,而是分为几个小团体,每一个团体都有一个领袖,同时,某些领袖并不认同组织,存在个人利益高于组织利益的思想
2	兴趣型	很安全,但不紧密。这是因共同的兴趣、爱好而自发形成的团体,成员之间自娱自乐
3	破坏型	很紧密,但不安全。这种非正式组织会形成一股足以和组织抗衡的力量,其抗衡的目的是保护自身利益,他们为了团体利益会不惜损害组织的利益。同时,团体内部成员不接受正式组织的领导,而是听从团体内领袖的命令
4	积极型	既安全,又很紧密。一般出现在企业文化良好的企业,员工和企业的命运紧密地联系在一起。比如,日本本田公司的QC小组,完全是自发成立的,员工下班后聚到一起,一边喝咖啡,一边针对当天生产车间出现的生产问题和产品瑕疵畅所欲言,最后,通过讨论找出解决问题的方法

对于企业来讲，一般的非正式组织中很少存在破坏型，但是，如果出现一定的内外部诱因，消极型、兴趣型和积极型非正式组织都有可能迅速转化为破坏型非正式组织。作为组织的管理者，应对组织内存在的诸多非正式组织有一个清晰的界定：它属于哪一种类型？它们的领袖是否具备良好的道德素养和职业素质？这些非正式组织中的核心成员有没有企业的高层领导？他们是否可以准确地强化自身正式组织的角色？考虑了这些问题，就可以比较好地为监控和处理好非正式组织的"紧密化"和"危险化"奠定基础。

五、有针对性地管理非正式组织

管理者应对非正式组织的情况进行阶段性的评估，有针对性地进一步实施有效的管理，以实现正式组织的发展目标。

（一）在管理中要谨防非正式组织的"紧密化"

一般来说，松散的非正式组织对企业或部门的发展是有利的，它能提升人性化管理，改善员工间的关系，创造轻松融洽的工作氛围，激发员工的创造性。而当非正式组织逐渐演变成紧密型结构时，其对企业和部门发展的危害将不容忽视，它会让员工之间及员工和管理者之间的工作关系紧张，出现安于现状、消极怠工的现象，且员工普遍缺乏创新意识，工作效率不断下降，从而无法实现管理目标。当非正式组织在内部形成后，管理人员应定期对其紧密程度进行考察评估，并根据评估结果做出相应的决策，谨防非正式组织的"紧密化"。

（二）让管理层融入非正式组织

骨干员工具备一些特点，如创新意识和独立性较强，因此，非正式组织对他们的行为方式和工作表现往往会产生很大的影响。这时，管理人员就要对骨干员工进行适当的引导，使他们融入到某些松散的非正式组织中，或者弱化紧密型非正式组织对骨干员工的影响，尽量避免或消除非正式组织对企业和部门管理造成的不利影响。一些参考的做法包括：工作调动，把非正式组织的核心员工调离原来的岗位，减弱非正式组织的影响，使非正式组织由紧密型向松散型演变；管理人员成为非正式组织的成员，融入到非正式组织中，施展个人影响，逐渐使非正式组织的行为和利益与正式组织管理目标保持一致；关注关系相对独立的员工，经常与他们进行沟通交流，听取他们的意见，以保持考核的公正性；在正式组织内开展各种活动，如集体培训、学习讨论等，强化正式组织的凝聚力，弱化非正式组织的影响。

（三）关注中层的管理方式

在企业管理中，有的管理人员为强化自己的管理职能，会采用笼络员工的方式来培养自己的亲信，增强管理效力，这在客观上已形成了非正式组织。这类部门，从表面上看来，能较好地进行日常运作，也能完成一般性经营目标，但对企业或部门的长期发展非常不利，营造了不好的人员关系和工作氛围，使企业或部门员工缺少创新精神；工作效率低下；优秀人才逐渐流失；不再有建设性的意见和建议；员工要么刻意奉承，要么被约束。因此，企业领导要定期评估企业内部中层管理人员的管理方式，防止管理行为中滋生的非正式组织。

六、非正式组织紧密化、危险化的紧急应对

当非正式组织出现紧密化、危险化的趋向，并开始危害企业的发展时，管理者要积极采取措施进行紧急应对，具体如表2-12所示。

表2-12 紧密化、危险化的紧急应对措施

序号	应对措施	说明
1	谋求与非正式组织领袖的合作	非正式组织中的领袖人物集中体现了非正式组织成员的共同价值观和共同志趣，他们往往凭借自身的技术专长和个人魅力在非正式组织中享有很高的威望和影响力。有时，他们的实际影响力甚至远远超过那些正式组织的管理者。他们的思想和行动直接影响着非正式组织的思想和行动。因此，当非正式组织出现紧密化、危险化时，管理者应对非正式组织中领袖的影响给予高度重视，积极谋求与他们在各个层面上的有效沟通，并在理性和合作的基础上解决危机
2	迅速建立通畅的正式沟通渠道	非正式沟通往往是缺乏正式的信息沟通才产生的，并且，由于非正式沟通的不规范性和不权威性，经常会引起信息的失真。当通过这种非正式的渠道传递信息，造成严重失真，并引起企业内部的人心涣散、惶恐时，就会对企业造成极大的危害。为此，作为管理者，当面对危机时，首先应迅速地在企业内部建立起权威的、正式的信息沟通渠道。当企业内的员工对企业的任何情况产生疑问时，有一个合法的获取真实信息的渠道，会把非正式沟通给企业带来的损失减少到最低

续表

序号	应对措施	说明
3	迅速采取内部公关政策	当企业非正式组织出现紧密化、危险化，并与企业管理层产生对抗时，管理者首先要进行自我检讨，是自身确实存在严重危及员工利益的决定，还是企业在运作过程中不得不临时采取的措施，或是某些心怀不轨的人员在操纵员工。如果确实是由于管理层的疏忽而危及了员工利益，那么管理者应该迅速调整政策。如果是不得已的临时措施，或是有人在蛊惑人心，那么管理者可以利用企业的公共场所，与员工进行坦诚、公开的交流，以取得广大员工的信任。同时，运用企业中的舆论工具、媒体、事件等，对非正式组织成员的共同意见进行有计划、有目的的引导，循序渐进地使非正式组织成员的意见与企业的组织目标相一致
4	坚决清除极具破坏性的人物	通常，当非正式组织出现紧密化、危险化时，一定伴随着某些或某个人的煽动，这类人在整个事件中起到了极大的推动和蛊惑作用，如果他们抱着极端的个人主义，则会违背企业的原则，严重阻碍企业的发展，损害企业和企业内其他成员的利益，或者在非正式企业内传播谣言、煽风点火、蛊惑人心。对于这类害群之马，在进行说服、改造无效的情况下，要坚决予以开除。这样做不仅可以为企业除去隐患，还可以起到杀一儆百的作用，让怀着同样目的的人不敢造次。但是，在采取这样的措施时，一定要向非正式组织中的成员澄清事实，以免引起非正式组织成员的误解，造成人心动荡
5	工作调动	必要时把非正式组织的核心员工调离原来的岗位，减少非正式组织的影响，使非正式组织由紧密型向松散型演变

第四节　规章制度的设计与执行

俗话说，国有国法，家有家规，没有规矩就不成方圆。企业的规章制度就是企业的"国法""家规"，它不仅仅是约束和规范企业及员工行为的准则，更是决定企业能走多远的保障和基石。

一、何谓企业规章制度

（一）企业规章制度的含义

企业为实现一定的经营目标及满足相应的管理需要，而制定发布的对一定范围内有关工作、活动和人员行为作出规范要求,并具有约束力的企业文书。

(1)为了满足企业的经营和管理需要。

(2)具有一定的适用范围。

(3)针对对象包括工作、活动和人员行为。

(4)具有约束力和强制性。

(二)企业规章制度的种类

常用的有公司章程、文件公告、管理制度、内部规定、操作办法、行为守则。

(三)企业规章制度的内容组成

从一个具体的企业管理制度的内涵及着表现形式来讲,企业管理制度主要由以下内容组成:

(1)编制目的。

(2)适用范围。

(3)权责。

(4)定义。

(5)作业内容。包括作业流程图,及用5W1H对作业流程图要项的逐一说明。

(6)相关文件。

(7)使用表单。

企业在编写管理制度时,可以遵循一定的要领,如表2-13所示。

表2-13 管理制度内容编写要领

序号	项目	编写要求	备注
1	目的	简要叙述编制本制度的目的	必备项目
2	范围	主要描述本制度所包含的作业深度和广度	必备项目
3	权责	列举本制度和涉及的主要部门或人员的职责和权限	可有可无
4	定义	列举本制度内容中提到的一些专业名称、英文缩写或非公认的特殊事项	可有可无
5	管理规定	这是整个制度的核心部分。用5W1H的方法按顺序详细说明每一步骤涉及的组织、人员及活动等的要求、措施、方法	必备项目

（四）企业规章制度的样式

严格来说，在制造行业内部，并没有规定一个具体的制度样式。但大多数企业都采用目前比较流行的、便于企业质量审核的文件样式，如表2-14所示。

表2-14　企业质量审核的文件样式

××公司标准文件		××公司 ×××管理制度/工作程序	文件编号××-××-××	
版本	第×/×版		页次	第×页
1　目的 2　适用范围 3　权责单位 　　3.1 _____部门 　　　　负责_____ 　　3.2 _____部门 　　　　负责_____ 　　…… 4　定义 5　管理规定/程序内容 　　5.1 _____ 　　　　5.1.1 _____ 　　　　5.1.2 _____ 　　5.2 _____ 　　…… 6　相关文件 　　×××文件 7　使用表单 　　×××表				
拟定		审核	审批	

（五）企业规章制度制定的原则

企业规章制度的制定，要遵循图2-8所示的原则。

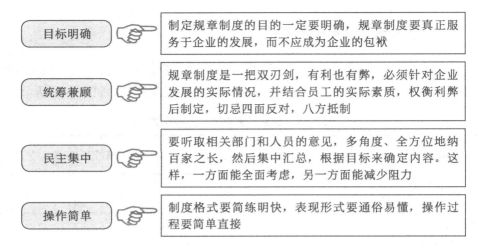

图 2-8 企业规章制度制定的原则

二、规章制度的顶层设计

规章制度的顶层设计应注意以下方面:

（一）要注意明确目的或目标

在开展规章制度的顶层设计时，要明确解决什么问题，或实现什么目标，也就是说，拟制定的规章制度要达到什么目的。明确了方向和目标，才能使规章制度的设计具有针对性。

（二）要注意切合实际，并体现先进性

在进行规章制度顶层设计时，要注意结合企业的发展规划、组织模式等，使规章制度符合企业的发展；更为重要的是，规章制度的设计要体现出先进性，保持一定时期内的适用性，具有一定的延续性，这样的规章制度才能发挥其应有的作用。

（三）要注意处理好与现行制度体系的关系或联系

要注意规章制度与现行制度之间的关系或联系，避免出现规章制度交叉、重叠，甚至相冲突的情况，否则会造成执行困难，在执行中出现无所适从的问题。因此，新规章制度在编制或修订前，应对现行的有关制度进行梳理、评价，并针对梳理、评价的结果，整合、修订或废止相关制度。如果是可以融合的，应尽量采取融合的方式，避免出现一事多管的情形，从而引发制度执行的混乱。如果是必须取缔的，应及时废止现有制度，制定、颁布新的制度，以便规范相关事项的开展。如果是可能产生交叉、重复的，应在规章制度的设计阶段，进行重复沟通，并确定执行依据，以免新旧制度出现冲突、无法执行的情况。

（四）要注意规章制度的合规性

规章制度的制定，应依据国家法律法规及上级管理制度的要求进行，并与其保持一致，经法律审查、合规性审查后方可印发执行。

一个合法有效的企业规章制度必须具备下列条件：

1. 经过民主程序制定

企业根据自身的管理、发展需要，在拟定规章制度草稿后，要提请职工代表大会或全体职工讨论修改，并由职工代表大会或全体职工审议通过。如果不具备召开职工代表大会或者全体职工大会条件的，企业则应通过适当方式，充分体现员工对制定的规章提出意见、建议的权利。企业在制定规章制度的过程中，应注意保留职工代表大会、全体职工大会或者员工参与制定规章的证据。

2. 不违反国家法律、行政法规及政策规定

企业的规章制度，必须根据国家法律、法规和政策制定，特别要符合当地的法规、政策等。将企业的经营管理实际与法律、法规、政策具体结合起来，既能使这些规定具有可操作性、合法性、规范性，又能有效地激励、督促员工，充分体现企业的文化。现行的劳动法律、法规、政策非常庞杂、繁多，企业内部人力资源部门不足以完全掌握，此时，应充分发挥企业法律顾问或外聘律师等专业人员的作用。

3. 向员工公示

企业的规章制度经民主程序讨论通过后，必须以正式文件的形式向全体员工公示，只有经公示后才能生效。企业根据自身情况，可以采取不同的公示方式：

（1）制定员工守则，发放给全体员工，企业需要保留好签名领取单。

（2）在企业公共区域的显著位置张贴、公示规章内容，并做好相应的记录

与备案。

（3）在企业内部的培训、学习中，组织员工学习规章制度，并保留好签名报到表。

企业的规章制度具备上述的要件后，即可生效执行。为加强仲裁机关、人民法院的采信程度，企业最好将规章制度提交给当地的劳动部门审查、备案。由于劳动法规、政策的变化较频繁，企业的规章制度必须适时地进行修改，以确保其合法性。同时，在执行中务必做到：严格按规章、规定执行，保留好相应的书面证据。这样，企业才能依法维护好自身的合法权益。

（五）要注意规范规章制度的内容

规章制度的内容，除了具备规章制度规范要求的内容外，还应同时明确所规范或管理事项的业务流程、执行程序及关键环节的标准表单或实施证据资料等内容。这样既方便规章制度的学习、宣贯和培训，规章制度核心内容的理解与领会，又可为规章制度切实有效的执行奠定基础。

三、企业规章制度的执行

（一）宣讲企业规章制度

宣讲的目的是深入理解制度的目的、操作办法，并将规章制度转化成相关部门的行动标准。具体方法如下：

（1）专人讲解、进行研讨、写出心得。这种方法适用于非常重要的文件制度，例如：公司经营计划。

（2）大会宣读、现场解答。这种方法适用于相对部门来说非常重要的文件。

（3）制作看板、明确疑点。这种方法适用于公司一般的文件制度和部门比较重要的文件制度。

（4）简单张贴、安民告示。这种方法适用于需要张贴的公司文件制度和部门文件制度。

（二）落实企业规章制度

（1）抽象问题具体化：将抽象的文字转化成具体的工作描述、行动准则。

（2）重要问题指标化：对关键点和重点设立量化的考核指标，作为绩效考核的项目。

（3）难点问题明晰化：找出推行难点，制定作业指导书。

（4）跟踪指导和监督：及时进行跟踪，耐心指导，监督落实情况，坚持对事不对人的原则，避免四面楚歌，但可以杀鸡骇猴。

四、企业规章制度的改进

企业规章制度的最终目的是促进员工团队合作，更好、更快地向客户提供产品和服务，实现企业的快速成长，而不是针对某人，进行压迫。所以，应结合企业实际的发展阶段和员工的素质水平，对规章制度进行相应的修订、不断完善、持续改进。但不能朝令夕改，尤其是原则问题，必须保持规章制度的严肃性。

第三章

年度经营计划

引言：

年度经营计划需要企业的中高层人员共同参与，并按照自上而下、从外至内的顺序制订。经营计划的主要内容包括为达成企业年度目标所需开展的一系列重点工作。

第一节 年度经营计划的概念

一、什么是年度经营计划

经营计划,是企业为了适应环境的变化,确保经营方针与目标的顺利实现,在经营方针与目标的基础上制定的具体工作方案。它不是常规性的工作计划,而是一种总体性规划。

年度经营计划反映了企业的年度工作目标、工作步骤以及相应的资源配置情况。

二、战略目标、年度经营计划和预算的关系

企业年度经营计划能够使企业各部门的年度经营计划和年度预算方案与企业的战略目标保持一致,同时,也为日后的考核工作提供了的依据。三者的具体关系,如图3-1所示。

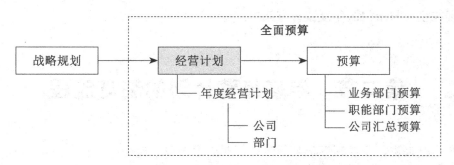

图 3-1　战略目标、年度计划、预算的关系

三、企业年度经营计划与部门年度经营计划

年度经营计划分为企业年度经营计划和部门年度经营计划两种。前者是对企业战略行动计划进行的细化和分解,而后者则是企业各部门根据企业的战略行动计划和年度经营计划制订的本部门年度工作计划。

两者既存在横向关系，又存在纵向关系，具体如图3-2所示。

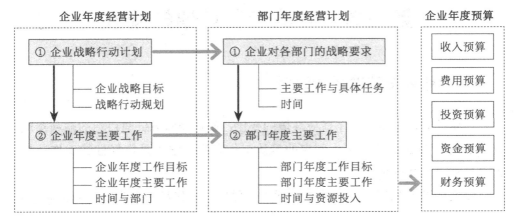

图 3-2　企业年度经营计划与部门年度经营计划的关系

横向关系：从企业战略行动计划到企业对各部门的战略要求。

　　　　　从企业年度主要工作到各部门年度主要工作。

纵向关系：从企业战略行动计划到企业年度主要工作。

　　　　　从企业对各部门的战略要求到各部门年度主要工作。

各部门提出的与部门年度工作目标相适应的资源投入需求最终将会影响和体现在企业与部门的年度预算方案中。

第二节　年度经营计划的制订流程

一般来说，企业制订年度经营计划时应遵循以下流程：

一、项目启动会

（一）启动时间

制订年度经营计划的启动时间会根据企业的具体情况有所不同。对于经验较少的企业来说，要尽早制订针对第二年发展目标的经营计划，这个时间通常是每年的11月。

（二）会议成果

项目启动会要确定企业第二年的增长目标，包括财务目标、市场目标等。目标须经总经理签字认可。

二、年度经营分析

目标确定后，企业要将其交给承接具体目标的部门，即市场部。市场部在明确增长目标后，要收集市场信息，进行市场研究，从而为决策提供依据。

市场部要针对目前存在的问题，提出下一年度的营销策略，并按重要程度进行排序，形成正式文件，即企业年度经营分析报告。

某企业年度经营分析报告的主要内容，如图3-3所示。

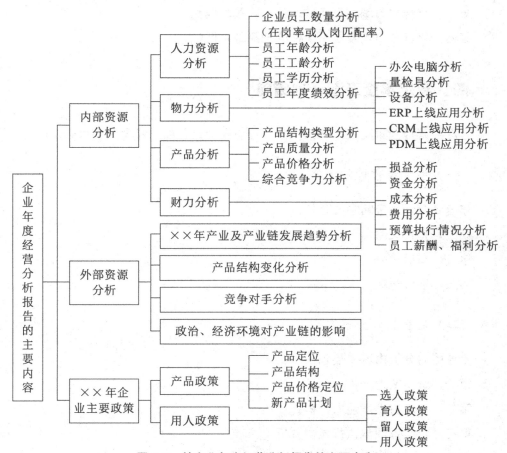

图3-3　某企业年度经营分析报告的主要内容

三、设定年度经营目标

（一）年度经营目标

年度经营目标根据战略规划制定，通常可量化为销售额、利润、销售量和市场占有率等指标。

（二）合理的年度经营目标的特点

合理的年度经营目标具有以下特点：
第一，与企业战略目标、品牌规划目标以及年度经营目标一致。
第二，目标与企业资源现状基本匹配。
第三，目标与市场容量及其增长速度基本匹配。
第四，目标与市场发展可能性的预测基本匹配。

四、制定年度经营计划策略

年度经营计划策略由市场部提出，经总经理及各部门经理签字后确定。

（一）年度经营计划策略

年度经营计划策略主要包括：
第一，宣传策略。
第二，渠道策略。
第三，性价策略。

（二）企业能力分析

企业能力分析内容主要包括：
第一，资本能力分析。
第二，技术与生产能力分析。
第三，营销管理与执行能力分析。
第四，人力资源现状与能力分析。

五、前端部门立项

年度经营计划策略形成正式文件后,市场部要将其传递给前端部门进行立项,其中最重要的前端部门有两个,分别是企业的销售部和研发部。接到策略后,这两个部门会分别进行内部讨论,研究如何实施这些策略。

立项之后,前端部门还要进行支出预算和资源分配等其他工作。

六、需求传递

前端部门根据策略和立项需求分别向生产部提出生产需求,向财务部提出财务需求。另外,销售部、研发部、生产部、财务部分别向人力资源部提出人力资源需求,向行政部提出行政需求。需求传递的流程,如图3-4所示。

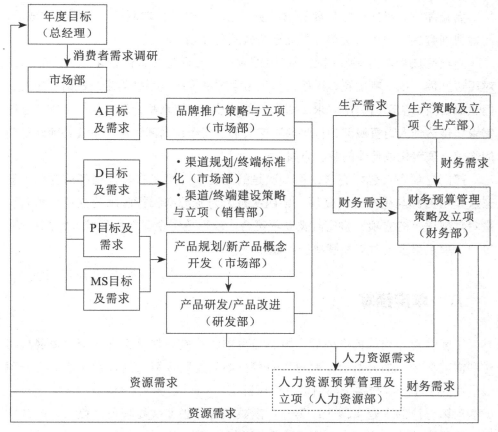

图3-4 需求传递的流程图

各部门提出需求的主要依据为立项的内容。另外，各部门还需要在部门内部进行调研，寻找以往工作中存在的问题，并及时解决。例如，销售部应组织各地区销售经理提出销售过程中存在的各种问题，像财务报销、财务单据交接、储运质量、供应时间等，并将这些问题收集起来反馈至相关部门。

七、后端部门立项

收到前端部门的需求后，后端部门（生产部和财务部）应组织内部讨论，讨论结束后也要开始一项重要工作——立项，并进行优先级排序，将这些需求落实成为项目。比如，若想解决破损问题，生产部中负责储运的职能部门就要考虑如何改进储运的保护措施；负责物流的职能部门也要想办法缩短运输距离，加强搬运质量。

后端部门分析问题之后要提出解决方案，并进行简单测试。如果测试成功，问题得到解决，便可对优化升级储运方式进行立项。

立项完成后，这些部门也会产生需求，一方面是对人的需求；另一方面是对周边环境，如车辆配置、厂区、员工宿舍环境等的一系列需求。此时，这些部门也需要向后端部门提出需求，即人力资源方面的需求和行政方面的需求，这些需求将传达到人力资源部和行政部。这两个部门经过内部讨论，也会将前端部门的需求立项转化成具体的解决方案。

部门立项主要包括五次：第一次是战略立项，第二次是营销部的立项，第三次是财务部与生产部的立项，第四次是人力资源部和行政部的立项，第五次是对常规项目的立项。将这五类立项整合，就形成了企业年度经营计划的草稿，每一个项目都直接对应要解决的问题。

八、年度预算

年度经营计划草稿形成后，由总经理审阅并检查其是否符合企业发展战略对利润的要求。如果符合，就可以定稿；如果发现预算太高，就需要进行一项很重要的工作——与各个部门进行预算讨论。

预算讨论的主题有两个：第一，削减项目，去掉次要项目；第二，削减预算，尽量压缩预算，使之与企业的利润目标靠拢。同时还要注意，不能将所有预算都分配给项目，要留下10%～15%的机动预算，即后备资源，以便在增加新项目时使用。预算的压缩可以按具体情况分配到各个项目上，如此调整管理成本，可降低企业预算。

九、宣导

年度经营计划一旦定稿就进入正式签订程序。计划由各部门负责人签字确认后，总经理要向员工进行宣导，宣导内容包括总预算、时间、各部门的项目编号等。

年度经营计划制订完后，一份交给财务部，供其在控制年度预算时使用；一份交给人力资源部，供其在考核项目经理工作时使用。

在制订年度经营计划的过程中会形成营销价值链，企业所有部门都被调动起来，以客户需求为导向，形成相互支持的内部客户关系。生产部的上级不再是总经理，而是销售部；销售部的上级不再是总经理，而是市场部；市场部的上级也不再是总经理，而是客户。这样就能够真正贯彻以客户和年度经营目标为导向，以市场为龙头，各部门相互配合，围绕客户需求和企业目标进行发展的思想。因此，从更深层的意义上看，年度经营计划一旦实施起来，就在企业内部真正建立起了以客户需求为导向的企业文化，这正是企业规范化管理的重要标志。

在年度经营计划制订与审批的过程中会运用到的相关表格，如表3-1、表3-2、表3-3、表3-4、表3-5所示。

表3-1　年度经营计划主要指标审批表

报送部门：	经手人：	报送时间：	No.：

年度经营指标概要：
负责人签字：　　　　　　　　　　　　时间：＿＿＿年＿＿月＿＿日
企业相关部门审核意见：
记录整理人签字：　　　　　　　　　　时间：＿＿＿年＿＿月＿＿日

续表

副总经理审核意见：			
	签字：	时间：_____年___月___日	
总经理审批意见：			
	签字：	时间：_____年___月___日	

备注：1.组织相关部门召开的专题会议纪要及会签表应附于本表之后。

2.企业相关部门审议意见由综合计划部根据公司相关部门审议结果归纳，并由综合计划部负责人签字确认。

3.如有需要，可另附表。

表3-2　年度经营计划审批表

报送部门：　　　　　经手人：　　　　　报送时间：　　　　　No.：

年度经营计划概要：			
	综合计划部总经理签字：	时间：_____年___月___日	
企业相关部门审核意见：			
	记录整理人签字：	时间：_____年___月___日	
副总经理审核意见：			
	签字：	时间：_____年___月___日	
总经理审批意见：			
	签字：	时间：_____年___月___日	

备注：1.组织相关部门召开专题会议纪要及会签表应附于本表之后。

2.企业相关部门审议意见由综合计划部根据公司相关部门审议结果归纳，并由综合计划部负责人签字确认。

3.如有需要，可另附表。

表 3-3　年度经营计划调整建议审批表

报送部门：　　　　　经手人：　　　　　报送时间：　　　　　No.：

年度经营计划调整建议：
负责人签字：　　　　　　　　时间：_____年____月____日
企业相关部门审核意见：
记录整理人签字：　　　　　　时间：_____年____月____日
副总经理审核意见：
签字：　　　　　　　　　　　时间：_____年____月____日
总经理审批意见：
签字：　　　　　　　　　　　时间：_____年____月____日

备注：1.组织相关部门召开专题会议纪要及会签表应附于本表之后。
　　　2.企业相关部门审议意见由综合计划部根据公司相关部门审议结果归纳，并由综合计划部负责人签字确认。
　　　3.如有需要，可另附表。

表 3-4　年度经营调整计划审批表

报送部门：　　　　　经手人：　　　　　报送时间：　　　　　No.：

年度经营调整计划概要：
负责人签字：　　　　　　　　时间：_____年____月____日
企业相关部门审核意见：
记录整理人签字：　　　　　　时间：_____年____月____日

续表

副总经理审核意见：			
签字：		时间：_____年____月____日	
总经理审批意见：			
签字：		时间：_____年____月____日	

备注：1.组织相关部门召开专题会议纪要及会签表应附于本表之后。

2.企业相关部门审议意见由综合计划部根据公司相关部门审议结果归纳，并由综合计划部负责人签字确认。

3.如有需要，可另附表。

表 3-5 年度经营计划发布会会议记录

主持人：

参会人员：

_____年____月____日年度经营计划发布会内容

发言人	持续改进内容	决议结果	责任人	完成时间

拟订： 审核： 审批： 日期：

第三节 年度经营计划的编制

有效的年度计划对上需要承接企业中长期的战略发展目标；对下需要为企业各部门明确全年应开展的重点工作；对外需要准确分析营销工作中的问题并拿出对应的策略；对内需要关注组织管理中的"短板"，并确定提升、改进的方向。

一、年度经营计划的总体编制要求

企业编制的年度经营计划须符合以下总体要求：
（1）重大工作内容应该逐项列出，并制定工作进度表。
（2）各项计划指标的确定部分和预测部分应该分开列出，尽可能缩小预测范围（例如，将已经签署合同的业务和不确定的业务分开列明），同时要详细说明预测的过程和依据。
（3）计划中的各项数据要尽量明确。

二、年度营销计划的编制说明

年度营销计划的主要内容包括以下几个方面：

（一）上一年度营销工作的回顾及分析

对上一年度企业营销工作进行回顾与分析的具体事项，如图3-5所示。

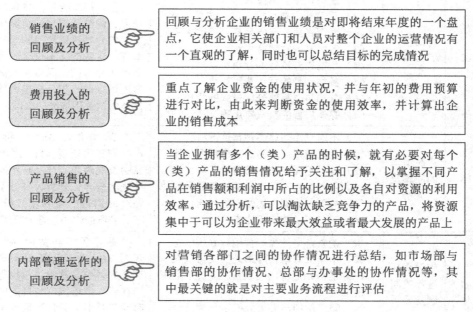

图 3-5

| 上年度营销计划的执行情况 | 对在产品、价格、渠道和促销这四个方面所开展的工作进行回顾，重点掌握整体营销活动对相关营销指标的影响情况 |

| 存在问题的描述及分析 | 综合描述企业整体营销活动中存在的问题，了解每个问题的来龙去脉及其之间的关系，找出最根本的原因 |

图 3-5　企业上一年度营销工作回顾及分析的具体事项

对每个具体事项进行回顾和分析的具体内容，如表3-6所示。

表 3-6　各个方面回顾及分析的内容

序号	事项	回顾内容	分析内容
1	销售业绩的回顾及分析	（1）年度累计销售额 （2）月度销售曲线 （3）各季度销售额的对比 （4）区域销售额及对比 （5）各销售办事处的销售对比 （6）年度销售额完成率 （7）年度销售额增减率 （8）与历史同期销售额的对比等	月度销售的趋势、各季度销售差异的原因、各区域销售差异的原因、各销售办事处销售差异的原因、年度销售增减的原因等，从整体上对影响销售业绩变化的原因做一个简要的描述
2	费用投入的回顾及分析	（1）营销整体费用投入 （2）营销分类费用投入（广告费、业务费、经销商奖励、宣传品费、运输费等） （3）各区域的营销费用对比 （4）各销售办事处的营销费用对比 （5）各类产品的营销费用对比 （6）总部与办事处分别投入的费用 （7）媒体广告的投入费用等	主要指标有营销总费用增减率、营销费用与销售额比率、各分类营销费用的增减率等，这些指标不仅可以用来评估费用的使用效率，同时还可以进一步分析出造成各类营销费用增减的原因
3	产品销售的回顾及分析	（1）不同产品的总体销售情况 （2）各区域不同产品的销售情况对比 （3）各月不同产品的销售情况对比 （4）各办事处不同产品的销售情况对比 （5）与历史同期销售情况的对比 （6）不同产品的费用比率等	产品销售的ABC分析、产品的费用效率分析、各产品的发展趋势、产品在不同区域的差异化分析、各办事处产品销售的差异化分析、产品品质的优劣定性分析等
4	内部管理运作的回顾及分析	（1）销售办事处执行营销计划的情况 （2）市场部对销售办事处的支持情况 （3）销售计划部门与供应生产部门的协作情况 （4）物流部门与办事处的协作情况 （5）总部与分部之间的信息沟通情况等	关键业务流程的时间和环节长短、不同部门沟通环节的多少、营销政策执行的速度、市场推广与开展的时间、对市场变化的反应速度、市场信息流动的速度等

续表

序号	事项	回顾内容	分析内容
5	上年度营销计划的执行情况	（1）产品对市场的渗透程度及扩张程度 （2）新产品的投放效果 （3）价格的上涨、下降或维持对销售带来的影响 （4）分销网络的建设情况 （5）对经销商进行管理的效果 （6）渠道促销对销售的影响 （7）媒体广告投放对销售的影响 （8）消费者促销活动对销售的影响等	重点分析竞争对手的情况，通过与竞争者在产品、价格、渠道、促销各环节的详细对比，找出彼此之间的差异点，确定导致销售差异的原因，并对营销计划进行必要的调整
6	存在问题的描述及分析	（1）营销人员问题 （2）营销推广方法问题 （3）营销资源问题 （4）营销后勤问题 （5）营销部门协作问题 （6）营销组织体系问题等	每个问题可能都是互相关联的，因此，分析不能仅仅是"头疼医头"，而是要从整体的角度系统地分析，以找到问题的解决方法

（二）年度营销形势的分析及预测

1. 宏观经营环境分析

宏观经营环境分析的主要内容是国内的经济形势和政策方向，其对企业营销策略规划的作用因行业的不同而有较大的区别。受宏观环境影响较大的行业有家电业、IT业、制药业、保健品业和零售业等，而一般的食品行业、化妆品业所受的影响较小。

宏观经营环境分析的内容主要包括：

（1）国内生产总值（GDP）的增长情况。

（2）金融政策的宏观调控情况。

（3）国家刺激消费增长的政策。

（4）国家鼓励行业发展的政策。

（5）失业率、居民收入的增减情况以及某些重大事件的发生情况等。

2. 行业发展趋势分析

这是判断企业盈利潜力和未来发展潜力的重要内容，也决定着企业的资源投入方向。

行业发展趋势分析的内容包括行业市场容量和市场特征两个方面。

（1）行业市场容量分析

在进行市场容量分析时，要列出历年行业市场容量的变化曲线，同时说明这个变化产生的背景，并且，在一定数据的支持下对未来2～3年的发展趋势做出预测。

（2）市场特征分析

在对市场特征进行分析时，首先，要从宏观层面上确定本行业的性质和特点，然后，再从微观层面对行业的竞争特点进行简要描述。

3. 产品发展趋势分析

对产品发展趋势的分析实际上就是对消费需求趋势的分析，它与企业的整体营销策略规划有着最直接的关系，是企业制订具体营销计划的基础。但是，这种分析并不是直接对消费者心理和行为进行调研，而是对产品的内部性质、外部形态和市场表现进行分析，反映了产品发展趋势最直观的特点。

产品发展趋势分析包含三方面的内容，具体如图3-6所示。

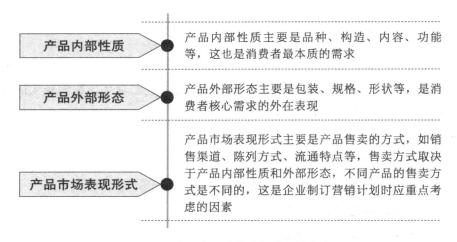

图3-6　产品发展趋势分析的具体内容

4. 竞争形势分析

竞争形势分析，是通过与竞争企业营销活动各环节进行详细的对比，发现自己与竞争企业之间的差距，并对本企业的营销活动进行有针对性的调整，以最终赢得竞争优势。竞争形势分析的内容包括两个方面，具体如图3-7所示。

> 对竞争形势的描述

对竞争形势的描述包括市场的总体竞争特点、竞争企业的界定、主要品牌的市场份额表现、主要品牌的区域表现、主要品牌的年度销售趋势、主要品牌的销售对比、主要品牌的广告费用对比等

> 对竞争品牌进行直接描述

从整体策略、产品、价格、渠道、促销、费用等方面对竞争品牌进行直接描述，全方位地展示竞争品牌的营销活动，对竞争品牌的策略意图做简要分析，并对竞争品牌在营销推广方式可能发生的变化做出预测

图 3-7　竞争形势分析的具体内容

5. 企业发展状况分析（SWOT分析）

企业发展状况分析就是SWOT分析，具体内容如图3-8所示。

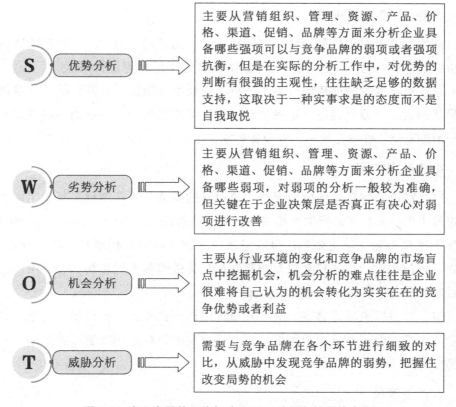

图 3-8　企业发展状况分析（SWOT分析）的具体内容

(三)年度营销整体策略

1. 企业的总体发展目标

(1) 这是对未来一年内企业发展目标的一个具体描述,包括销售目标、利润目标、市场占有目标、市场扩张目标和品牌发展目标等。

(2) 在企业总体目标下,还有根据不同标准划分的分类目标,包括月/季度销售目标、区域销售目标、分产品销售目标等。

2. 年度营销费用预算

营销费用的多少取决于企业资金的投入计划,具体而言,是由企业高层确定的费用投入比率决定的。

营销费用主要包括广告制作费、媒体投放费、宣传品费、业务费、促销费、运输费等,各项费用占总费用的比例要合理,具体分配应依据营销策略来执行。

3. 整体营销策略思想

整体营销策略思想是一种对如何达成目标的方向性描述,是站在整体的高度所做的系统性概括,它对各项分类策略起着整合、指导的作用。

通过对年度营销形势进行深刻分析,企业可对如何开展营销活动并赢得竞争优势确定一个最终结论,这就是整体营销策略思想,它的准确性和有效性取决于前期基础工作是否严谨、专业和客观。

4. 市场定位策略

(1) 对市场的有效细分是市场定位策略的基础。既能体现出某一相同性质的市场类别,又具备必要的市场消费容量,同时还能通过一定的渠道进行接触,这样的细分市场才是有效的。目前最常使用的市场细分标准是人口统计数据,但是,更为有效的市场机会总是隐藏在消费者的购买心理和购买行为中,这就需要对消费者进行深入的观察和了解。

(2) 对目标市场的界定。从细分市场中选出企业的目标市场很困难,这需要企业对资源情况有一个清晰的认识,更重要的是在市场渗透和扩张的过程中抑制住产品延伸的冲动。

5. 产品策略

产品策略的具体内容,如表3-7所示。

表 3-7 产品策略的具体内容

序号	内容	说明
1	产品定位	这是在市场定位的前提下对产品策略方向的界定，企业需要做到产品与目标市场的一体化，通常以高、中、低三种标准加以区别
2	产品种类和组合	为满足目标消费者的不同需求而开发出相应的产品种类，可以通过包装、规格、品牌等进行区分。产品组合的关键是以市场定位来确定产品线的长度和宽度，同时确定主导产品并形成系列产品，合理控制产品种类的数量
3	产品线扩张	产品线扩张指不同产品种类的增加，这往往是企业为了满足不同消费者的需求或者追求多元化发展的结果，企业制定此类策略时一定要考虑资源条件、市场定位和品牌管理等问题，避免损害企业的经营核心和品牌价值
4	产品线延伸	产品线延伸是企业力图用同一种类的产品来满足更多消费者需求的策略，这种延伸仍然在专业化经营的领域内进行，关键在于以不同的品牌加以区分，并将产品的价值转化到不同的品牌上，形成一个完整的产品和品牌系列

6. 价格策略

价格策略的具体内容，如表 3-8 所示。

表 3-8 价格策略的具体内容

序号	内容	说明
1	价格定位	价格定位依赖于市场定位和产品定位，作为整个价格策略的核心思想，它是制定价策略的指导原则。在对价格进行定位时，企业必须考虑竞争品牌的价格定位，并以此作为一个重要标准
2	价格组合	根据产品的种类、规格、包装、品牌等要素，企业可以制定价格系列以满足市场区隔的需求，即对消费者而言，价格组合可以为他们提供多样化的选择；对企业而言，价格组合可以为企业带来不同的盈利水平
3	盈利空间	根据已有的价格组合体系，详细分析出每种产品的毛利水平和全部产品的毛利总水平，为决策层提供一个直观的判断依据

7. 渠道策略

渠道策略的具体内容，如表 3-9 所示。

表 3-9 渠道策略的具体内容

序号	内容	说明
1	渠道策略思想	对渠道策略的方向性进行描述，反映了最核心的策略原则，并用以对具体的措施进行指导和解释
2	分销网络建设	从分销网络体系的组合、层次、覆盖面等几个方面分析企业的渠道建设重点，并考虑分销网络建设的成本和效率
3	分销网络管理	对如何管理中间商做出描述，包括经销商的经营模式、对经销商采取的管理方法、对经销商进行整合的方法等内容，不同层次的分销体系需要不同的管理模式
4	区域市场管理	对企业区域市场的发展方向和扩张方向进行描述，应符合分销网络建设的目标。其目的是更好地推动分销网络的建设和管理，因此，需要明确对企业自身销售分支机构和销售队伍的管理要求
5	分销网络推广	对推广策略思路和主要推广手段进行描述，其目的是通过利益的激励来达成建设分销网络和提升销售业绩的目标，同时也是渠道策略的战术支持部分

8. 促销策略

促销策略的具体内容，如表3-10所示。

表 3-10 促销策略的具体内容

序号	内容	说明
1	整体促销策略	确定促销推广的重点，整合促销项目
2	促销推广形式	主要包括媒体广告投放、消费者促销、主题推广活动、终端推广活动等内容，具体需要解决的问题是：如何确定不同促销推广形式的开展阶段、各项内容在总体推广活动中所占的比重以及不同市场拓展阶段的促销推广重点工作
3	推广内容整合	首先，确定市场的拓展阶段和具体目标，然后，确定各阶段的推广重点及主题，最后，根据主题选择主要的促销推广方式，并对其他促销形式进行整合，由此形成一整套促销推广方案

（四）年度营销实施计划

企业年度营销实施计划的具体内容，如图3-9所示。

内容一 营销计划的目标

（1）目标的制定：包括营销计划的总体目标和分类目标，分类目标其实是对总体目标的分解，包括阶段性目标、区域性目标、分产品目标、硬性目标、软性目标等
（2）目标的考核：对目标的考核关系着目标的完成程度。企业需要将各项目标分配到相应的部门和人员，确定相关人员的职责要求和权限分配，并制定严格的责任制度和考核标准，以此来保证目标的顺利实现

内容二 营销计划的具体方案

（1）产品部分：制定具体的新产品开发、新产品上市、产品延伸、包装调整、增加品种规格等方案，准确落实产品策略
（2）价格部分：制定具体的产品价格政策、价格调整体系等方案，使价格政策能够有效地配合市场的拓展
（3）渠道部分：制定具体的市场网络扩展方案、经销商管理制度、重点区域市场拓展方案、经销商促销方案，完善渠道建设
（4）促销部分：制定具体的广告制作方案、媒体投放方案、消费者促销方式、整体推广活动方案、终端促销方案等，并形成执行文本

内容三 营销计划的实施步骤

（1）确定市场拓展的阶段性目标和要求，提出营销计划的重点
（2）确定营销计划各部分的实施进度，根据进度将计划内容融入相应的市场拓展阶段
（3）对不同市场拓展阶段中的各项营销计划进行整合，使它们都能在统一的目标和主题之下协调开展
（4）按照市场拓展阶段确定整个营销计划实施的时间、重点、主题、进度、评估、相关政策、执行部门等各个环节的内容

内容四 营销计划的实施保障

（1）对营销计划执行内容的分配：由市场部将整体营销计划传达给各相关部门，对各部门应负责的内容做出详细规定，并报各部门领导审批确定
（2）对营销计划执行效果的考核：市场部根据整体营销计划中确定的考核依据，定期对营销计划的执行情况进行评估，同时负责与各相关部门进行沟通协调，及时解决执行过程中出现的各种问题，以确保营销计划的顺利进行

图 3-9

| 内容五 | 营销计划的费用分配 |

> （1）确定营销总费用额，为整个营销活动提供资金来源
> （2）营销各项目费用的分配：对产品研发、市场调研、媒体广告、消费者促销、渠道促销、主题推广活动、终端推广活动、业务费、运输费等都应分配营销费用
> （3）确定营销总部和办事处的费用项目和比例
> （4）确定市场拓展各阶段的费用分配比例，根据营销策略重点做到资源利用效率最大化

图 3-9　年度营销实施计划的具体内容

三、年度生产计划的编制说明

企业的生产计划对企业的生产任务作出了统筹安排，并明确了企业在计划期内（一般是年度）产品生产的品种、质量、数量和进度等指标，涉及的内容包括产值（产量）、设备、工艺、人员、场地、品质、管理改善等方面。

（一）编制企业生产计划的注意事项

编制生产计划时需要注意的事项如下：
（1）按照"以销定产"的原则进行计划。
（2）预计全年工作日，并考虑国家法定节假日。
（3）本年度的生产情况，包括生产能力利用情况。
（4）企业质量状况。
（5）库存情况。
（6）对设备、生产能力进行评估。
（7）对产品合格率进行控制。
（8）对成本率进行控制、分析。
（9）劳动生产率。

（二）年度生产计划中应当明确的指标

年度生产计划中应当明确的指标，如表 3-11 所示。

表 3-11　年度生产计划中应当明确的指标

序号	指标名称	说明
1	品种指标	产品的品种指标是指企业在计划期内应当生产的产品品名和品种数量（包括新产品）。产品品种按产品的具体用途、型号、规格来划分。该指标表明企业在品种方面满足市场需求的程度，反映了企业的技术水平和管理水平，也反映了企业开发新产品和进行产品更新换代的能力
2	质量指标	产品质量指标是指企业各种产品在计划期内应当达到的质量标准。常用的综合性质量指标是产品品级指标，如合格品率、一等品率、优质品率等。该指标不仅反映了产品的内在和外在质量，也综合反映了企业的技术和管理水平
3	产量指标	产量指标是企业在计划期内应当生产的可供销售的产品实物的数量和工业性劳务的数量。产量指标一般以实物单位计量，它反映了企业向社会提供有使用价值产品的数量和企业生产发展的水平，也为评估企业产销平衡、产供平衡提供了依据
4	产值指标	产值指标是用货币表示的产量指标，分为产品产值、总产值和净产值三种，分别具有不同的内容与作用
5	产品产值	产品产值是企业在计划期内生产的可供销售的产品的价值，是编制成本计划、销售计划和利润计划的重要依据。产品产值包括： （1）本企业生产的全部成品价值 （2）本企业生产的用于销售的半成品价值 （3）来料加工产品的加工收入 （4）其他工业性劳务收入
6	总产值	总产值是用货币形式表示企业在计划期内完成的工作总量。该指标可以反映一定时期内企业的生产水平，是分析企业生产发展速度，计算劳动生产率、固定资金利用率、产值资金率等指标的依据。总产值除了包括前面所述产品产值的全部价值内容外，还应包括来料加工产品的材料价值和企业在制品、自制工具、模型等期末与期初结存量差额的价值
7	净产值	净产值是指企业在计划期内的工业生产活动中新创造的价值。从总产值中扣除各种物资消耗费用即为企业的净产值。物资消耗费用包括原材料、辅助材料、燃料、动力、固定资产折旧等费用

上述各项指标是相互联系的统一体。在编制生产计划时，企业应当首先落实产品的品种、质量与产量指标，然后据以计算产值。

不属于计划指标，但在考核计划完成情况时，列为考核指标的还有合同完成率、按期交货率、设备完好率、产品出厂进度计划执行情况和安全生产的实现情况等。

（三）年度生产计划指标的确定依据与参考资料

年度生产计划指标的确定依据与参考资料通常有以下三种：

1. 规划部提供的资料

（1）企业中长期经营计划。

（2）与生产相关的长期经济协议。

（3）企业领导对生产指标的建议和有关指示。

资料作用：研究在生产计划中贯彻企业经营方针和战略意图的具体措施。

2. 市场销售部提供的资料

（1）国内外市场的经济技术发展与变动趋势情况。

（2）对潜在目标市场及产品市场份额的预测。

（3）下一年度产品的销售计划。

（4）上期合同的执行情况及现有成品库存量。

资料作用：研究生产计划如何适应市场变化并满足用户的需求，以及应采取哪些策略。

3. 其他各职能部门提供的资料

（1）上期生产计划的完成情况。

（2）技术改造措施的计划与执行情况。

（3）计划生产能力与产品工时定额调整方案。

（4）新产品试制计划书及批量投产时间表。

（5）物资供应渠道、价格、供方的情况。

（6）设备大修理计划和设备改造更新计划。

（7）质量持续改进措施。

（8）人力资源规划及计划期内的劳动力调整与人才引进计划。

资料作用：了解企业各部门对生产任务的适应性，以及各部门能够为生产计划顺利执行提供的保证。

四、年度质量计划的编制说明

年度质量计划通常包括以下内容:
(1) 对上年度质量计划的完成情况进行简要回顾。
(2) 对当年面临的质量形势和任务进行简要的分析。
(3) 确定当年的质量目标,包括定量化的质量指标。
(4) 按质量目标项目分别确定具体措施、负责部门或人员、完成时间。
(5) 需要在当年内实施或完成的质量管理活动,包括针对上年度遗留下来的问题点所采取的措施,以及这些活动的负责部门和人员、完成时间。
(6) 其他需要纳入年度质量计划的质量工作。
(7) 考核和奖励办法。

五、年度采购计划的编制说明

企业应根据生产计划的需求制订相应的原材料供应计划、原材料降价计划、原材料付款计划、原材料库存计划、供应商开发计划。采购部门根据生产及固定资产投资计划、本年度所需材料情况,就存料基准、采购地区、材料品名、规范、数量以及所需资金等拟订年度采购计划。

(一) 年度采购计划的编制依据

年度采购计划的编制依据主要包括以下七项内容:
(1) 销售计划。
(2) 生产计划。
(3) 各部门的物料需求计划。
(4) 物料库存报表。
(5) 购买物料的厂商及市场情况。
(6) 采购计划的历史数据及上期执行情况。
(7) 企业资金供应能力及采购预算。

(二) 年度采购计划的编制原则

年度采购计划应遵循的编制原则,具体如图3-10所示。

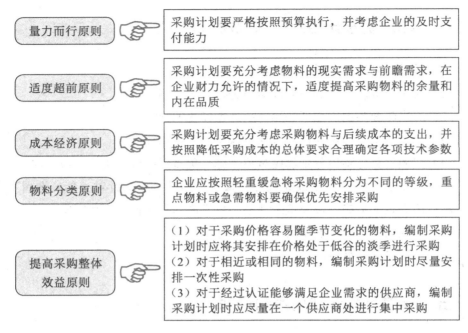

图 3-10　年度采购计划的编制原则

（三）年度采购计划的主要内容

年度采购计划的主要内容包括：

（1）采购物料的数量、技术规格、参数和要求。

（2）采购物料的价格和供应商。

（3）采购物料在生产中的投入使用阶段。

（4）采购物料划分模块的标准及每个模块下包含的项目。

（5）确定每个采购模块的采购时间表，根据每个模块的采购时间表确定整体的采购时间表，并及时通知相关部门。

（6）整个采购工作的协调管理工作。

六、年度人力资源计划的编制说明

（一）年度人力资源计划的制订步骤

制订年度人力资源计划一般有以下三个步骤：

1. 收集相关信息

主要收集外部与内部的信息。外部信息主要包括宏观经济发展趋势、本行业的发展前景、主要竞争对手的动态、相关科学技术的发展动向、劳动力市场的变化、政府的法律与政策、人口发展趋势、社会发展趋势、文化风俗习惯演变等。内部信息主要包括企业发展计划、企业领导层的更迭情况、人力资源成本的变化、生产流水线的变化、销售渠道的变化、融资能力的变化等。

2. 预测人力资源需求与供给

使用一定的方法分析收集的信息可以比较准确地预测企业在未来一年内人力资源的需求与供给。如果供给大于需求，就要考虑分流一部分人力资源；如果需求大于供给，就要考虑引进一部分人力资源。当然，培训员工、改变计划、调整薪酬等也是可以利用的手段。

3. 编制人力资源计划

一份完整的年度人力资源计划至少应该包括计划应达到的目标、目前形势分析、未来形势预测、计划事项、计划的制订者和制订时间等内容。

另外，年度人力资源计划一定要附上行动计划。行动计划是年度人力资源计划中不可缺少的一项内容。

人力资源管理行动计划一般由项目名称和项目细则组成。项目细则主要包括项目负责人、项目参与者、实施时间、项目检查人、检查时间、项目预算等内容。有多少个项目就应该有多少条项目细则。

（二）确定人力资源管理年度绩效标准

人力资源管理年度绩效标准的有效确立是科学制订企业年度人力资源计划的前提。绩效标准是否合理是决定能否完成绩效指标最重要的因素。人力资源管理年度绩效目标应该从公司的战略目标纵向分解而来，而不是由企业高层领导或部门领导随意制定。

企业提出下一年人力资源绩效目标时，要对相关人员的工作进行明确的界定，使他们明白要做什么，做到什么程度；通过逐级分解，让员工了解企业对人力资源管理方面的期望；相关责任人要对整个流程进行跟踪，考察目标的完成情况和存在的问题，不定期地对目标进行回顾、反馈和调整，做出合理的考核结果;建立绩效档案,以记录相关人员的绩效表现,并及时反馈绩效表现,督促其更好地完成绩效目标;保证管理者所做的绩效评价是基于事实而不是主观判断,以保证绩效考评的公正;最终将绩效结果和激励机制挂钩。

人力资源管理年度绩效指标一般包括人力资源费用率、人均费用、人均产量、人均产值、人均效益、招聘费用率、人均培训费用、内部流动率和离职率等。

(三)人力成本的预算与控制

1.人力成本的构成

人力成本主要由以下三个部分构成:
(1)标准工作时间的员工标准所得(员工工薪部分)。
(2)非标准工作时间的企业付出(如福利部分)。
(3)开发费用(包括内部开发和外部开发,内部开发主要是培训,外部开发主要是招聘)。

2.人力成本的预算和控制

通常情况下,衡量人力成本预算和控制工作的指标是人力成本率。

例如,在销售型企业中,人力成本率会随着销售额的递增而递减。也就是说,在销售额不断增加的前提下,企业前一阶段的人力成本率一般会大于后一阶段的人力成本率。

七、年度成本计划的编制说明

(一)年度成本计划的管理内容

(1)生产成本(生产型企业):企业为生产产品所发生的直接材料、直接人工及制造费用。
(2)销售费用:企业为销售所发生的支出。
(3)管理费用:职能部门为管理所发生的支出。

(二)年度成本计划的编制原则

年度成本计划的编制原则,具体如图3-11所示。

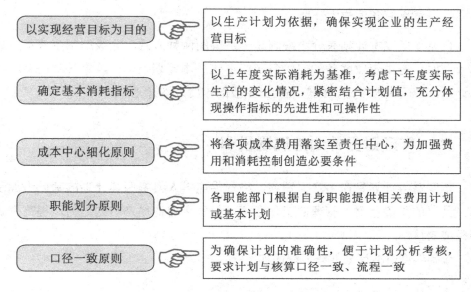

图 3-11 年度成本计划的编制原则

（三）年度成本计划的编制步骤

1. 收集和整理相关资料

资料主要包括计划年度的经营战略与目标；计划年度内各项成本消耗水平，如能源、材料等消耗定额与价格，劳动人工定额，各项费用定额等；同行业企业的成本水平；企业历史最好水平；上年度成本费用水平等。

2. 详细分析企业过去时期，尤其是上年度成本费用计划的完成情况

只有准确地分析总结过去、客观踏实地把握现在，才能科学地预测未来。所以，企业应该在总结过去年度，特别是上年度成本费用水平的基础上，为下一年度制订科学合理的成本计划。

3. 初步预测成本费用的计划指标，分别编制并确定各部门的成本费用计划指标

企业年度成本计划是在各部门成本计划的基础上编制而成的。因此，在正式编制年度成本计划之前，企业须将成本总指标层层分解，并步步落实到相关责任部门、责任班组和责任个人，为准确编制年度成本计划做好准备。

4.正式编制年度成本计划

企业年度成本计划有分级编制和一级编制两种方式。分级编制企业年度成本计划时,先由企业财务部门给各部门下达成本计划指标,再由各部门编制成本计划,最后由财务部门汇总编制出企业的年度成本计划。

八、年度财务计划的编制说明

年度财务计划是在生产、销售、物资供应、人力资源等计划的基础上编制的,其目的是确定财务管理的工作目标,挖掘企业的增产节约潜力,提高企业的经济效益。

编制年度财务计划的一般程序如下:

(一)资料收集

收集财务相关资料。

(二)财务预测

财务预测通常是根据企业战略的各阶段目标推断出来的。一般来说,对财务预测影响较大的因素有:

(1)企业经营策略导致的经营效果变化。

(2)可能的融资成果会带来新设备的增加,从而带来利润的增加;

(3)新设备、新技术、新工具的采用可能实现的生产成本降低。

(4)营销策略对销售成本产生的影响。

(5)其他方面的预测。

(6)产品销售情况的预测。

在预测产品的销售情况之前,企业首先应对未来数年的通货膨胀率进行预测,这是企业进行产品成本预算的基础。另外,企业还应结合产品的生命周期和市场特性进行预测。对于从无到有的企业来说,还应考虑以下的因素:

① 产品(样品)的诞生时间。

② 初期的市场渗透预期(即新产品的销售预期)和赢利。

③ 产品从第一年末到第五年末,每年的销售额和利润额。

（三）具体编制

根据相关数据（包括实际的和预测的）编制企业年度财务计划。编制工作的专业性较强，应由专业会计人员负责。在编制年度财务计划时，企业需要注意以下几点内容：

（1）资产负债表、损益表和现金流量表都应按照正规的会计准则要求编制，以便于阅读。为了能够详尽地反映企业的财务情况，应编制企业未来五年的财务计划，其中第一年应按月编制，后四年可选择按季编制。

（2）现金流量表是风险投资者最为关注的报表，他们会密切注意企业何时将获得平衡的现金流，并在何时实现正的现金流。所以，现金流量表是编制工作的重点。

（3）编制财务报表时，应尽量转换视角，以投资者的眼光来审视报表，这样既可以避免遗漏，又能使投资者找到想要的信息。

（4）尽量多关注财务报表中的大项目，如损益表中的开发与营销费用等，这也将是精明的投资者特别关注的地方。

第四节　年度经营计划书的编制

一、企业年度经营计划书的编写

（一）企业年度经营计划书的主要内容

企业年度经营计划书通常包括以下主要内容：
（1）企业上一年度经营计划执行情况总结。
（2）企业战略发展目标。
（3）企业内外部环境分析与预测。
（4）企业年度经营策略和目标。
（5）企业实现目标的措施规划。
（6）企业风险分析及相应对策准备。
（7）其他说明。

（二）企业年度经营计划书的模板

公司年度经营计划书

年度经营计划应由公司战略规划部门依据公司年度战略沟通会议内容和日常战略分析工作资料进行编制，并经总经理办公会审批通过。

一、计划的主要内容与结构

公司年度经营计划的主要内容与结构，如下表所示。

公司战略目标与行动计划			
公司战略目标	战略行动计划		
	主要工作	具体任务	起止时间	负责部门
公司年度工作目标			
公司年度主要工作			
年度主要工作任务		起止时间	负责部门

二、公司年度经营计划的内容说明

1. 公司战略目标与行动计划

（1）公司战略目标

公司战略目标系统、全面地规划了公司的经营方向，决定了公司利用资源建立和维护竞争优势并有效影响客户的能力。

公司应在内部与外部分析的基础上确定战略定位，并根据战略定位确定市场、投资、运维、研发、财务、人力资源等方面的功能性战略，例如，某电信服务运营商在公司战略目标中提出的"优化服务品种组合""建立健全市场销售网络并加强市场渗透""降低营运成本与费用""建立客户关系管理体系"等目标。

（2）战略行动计划

战略行动计划是使公司战略目标逐步具体化，并使之能够付诸实施的一系列行动方案。

战略行动计划的具体内容包括分项的主要工作、具体任务、起止时间和负责部门。例如，为实现"建立健全市场销售网络并加强市场渗透"这一战略目标制订的行动计划，如下表所示。

公司战略目标与行动计划				
公司战略目标	战略行动计划			
	主要工作	具体任务	起止时间	负责部门
建立健全市场销售网络并加强市场渗透	总体工作	重组市场销售组织架构，根据个人消费者与商用客户的需求，将不同市场销售职能进行分拆	××年1月	市场销售部/人力资源部
		建立独立运作的销售部门，并确定配套的销售管理流程和绩效评估机制	××年2月	市场销售部/人力资源部
公司战略目标	战略行动计划			
	主要工作	具体任务	起止时间	负责部门
建立健全市场销售网络并加强市场渗透	销售渠道建设	加强媒体沟通，提高公司与服务的品牌知名度	××年3月	市场销售部
		加强代理商管理，并对其进行业务指导	××年3月	市场销售部

2.公司年度工作目标

根据战略行动计划的要求，归纳公司本年度应实现的主要工作目标。

3.公司年度主要工作

年度主要工作的确定应参考公司年度工作目标，并根据公司战略行动计划中涉及的本年任务进行归纳后填列，可用以指导工作的开展和部门年度经营计划的编制。

 模板2

某公司年度经营计划书
一、上一年度经营计划执行情况总结
（一）上年度经营计划完成情况
（二）上年度重大差异事项及分析说明
（三）上年度主要经营管理举措
（四）存在的主要问题及解决思路
二、公司战略发展目标综述
三、本年度经营环境分析
（一）宏观经济情况及其对公司经营活动的影响分析
（二）行业政策及其对公司经营活动的影响分析
（三）资本市场环境分析
（四）公司自身资源情况分析

续表

四、本年度经营管理方针和经营管理目标
（一）经营管理方针
（二）经营管理目标 1. 财务目标 2. 内部管理目标 3. 市场目标 4. 可持续发展目标
（三）主要经营管理目标的选择和确定依据及过程说明
五、本年度经营计划和举措
（一）项目拓展计划及举措
（二）发展研究计划及举措
（三）设计管理计划及举措
（四）成本合约计划及举措
（五）安全监督计划及举措
（六）财务计划及举措
（七）人力资源计划及举措
（八）行政管理计划及举措
（九）其他计划及举措

续表

六、本年度公司风险分析和相应对策
（一）战略风险及对策
（二）经营风险及对策
（三）财务风险及对策
（四）人才与组织结构风险及对策
（五）信用风险及对策
七、其他说明
其他需要说明的事项

二、部门年度经营计划书的编写

（一）部门年度经营计划书的主要内容

企业各部门应制订部门年度工作计划，此计划通常包括以下内容：
（1）上一年度工作计划执行情况的总结。
（2）企业战略对部门发展的要求。
（3）部门工作计划及主要举措。
（4）部门年度管理目标。
（5）其他说明。

（二）部门年度经营计划书的模板

 模板1

某企业部门年度经营计划书

部门年度经营计划应由各部门经理依据公司年度战略沟通会议内容和日常部门工作分析资料进行填写，并先后经部门分管副总及总经理办公会审批通过。

一、部门年度经营计划的主要内容与结构

部门年度经营计划的主要内容与结构，如下表所示。

公司战略要求		
主要工作	具体任务	起止时间
部门年度工作目标		
部门年度主要工作		
主要工作	具体任务	起止时间

二、部门年度经营计划的内容说明

1. 公司战略要求

根据公司战略行动计划归纳本部门的主要工作和具体任务,可用于指导本部门年度经营计划的编制,并保证年度经营计划与公司战略保持一致。

2. 部门年度工作目标

根据战略行动计划和公司年度工作目标的要求,归纳本部门本年度为配合公司战略实施及保证日常业务正常开展应完成的主要工作目标。

3. 部门年度主要工作

对公司年度主要任务中涉及本部门的任务进行细化,同时结合本部门年度工作目标提出主要工作的内容、步骤、实施时间和具体资源配置需求等内容。其中资源配置主要包括:

(1)人力资源需求:年度员工增减计划、员工培训计划等。

(2)资本性支出需求:新增的固定资产需求。

(3)其他资源需求:需要公司给予的各类技术支持、内外部信息支持等。

模板2

部门年度计划书

一、年度总结

1.1 得:_____

1.2 失:_____

二、现状分析

2.1 内部资源评估

2.1.1 人力资源分析

_____

2.1.2 物力分析

_____

2.1.3 财力分析

_____

2.2 外部环境分析

2.2.1 销售业务分析（产品发展趋势、市场变化、结构变化、对手分析、政经形势）

_____

2.2.2 研发/设计分析（产业发展趋势、技术的变革、经济布局、新产品上市情况）

_____

2.2.3 生产分析

_____

2.2.4 人力资源分析（劳动法、政策新规定、薪酬规定、人力资源信息）

_____

2.2.5 供应商分析

_____

2.2.6 财务情况分析（政策、金融市场利率与汇率变化、证券市场、资金市场）

_____

三、部门年度目标

_____

四、执行对策

4.1 目标1：__年度采购成本下降5%__

4.1.1 对策1：__开发新供应商10家__

4.1.2 对策2：__每月收集市场信息1次并形成分析报告__

4.1.3 对策3：__每月进行采购成本分析1次__

4.1.4 对策4：__每季度进行采购量的下达__

4.1.5 对策5：__供应商整合__

4.2 目标2：_____

4.2.1 对策1：_____

4.2.2 对策2：_____

4.2.3 对策3：_____

4.2.4 对策4：_____

五、组织与配置

5.1 人力资源盘点（数量与质量）

5.2 职责

5.3 任职资格

六、培训

6.1 OJT在职培训（每人每周1小时）

6.2 OST在职培训（专业提升发展训练）

七、管理对策

7.1 早会（2+2+1，昨天总结+今天计划+任务布置）

7.2 周会（工作跟进与总结）

7.3 表单（部门日报、工作日志）

八、所需支持

如下表所示。

序号	需支持事项	支持时间或频率	支持部门	备注
1				
2				
3				
4				
5				

九、部门预算

9.1 行政费用预算底稿

9.2 专案费用预算底稿

9.3 资本支出费用预算底稿

9.4 费用预算分月汇总表

十、执行计划总表

模板3

部门年度经营计划书

一、上一年度部门年度经营计划执行情况总结

（一）上年度经营计划完成情况

（二）上年度重大差异事项及分析说明

（三）上年度主要管理举措
1. 招聘渠道拓展举措、绩效考核推动举措、人才开发举措等（各部门不同，此处以人力资源部举例）

2. 费用控制举措

3. 其他管理举措

二、公司战略对部门工作的要求

续表

三、本年度管理方针、目标、管理计划和举措
（一）管理方针
（二）主要管理目标
（三）管理计划及主要举措
四、工作计划和主要举措
（一）部门主要工作计划
（二）部门制度完善计划
（三）部门重要工作事项执行计划
（四）公司要求的其他计划
五、其他说明
（一）需要其他部门提供的支持和帮助
（二）其他内容

第五节　年度经营计划的执行管理

简单地说，企业执行力的提升依赖于以下几个方面的工作：

一、制定计划执行措施

（一）利用鱼骨图寻找措施

鱼骨图是一个非常好的寻找措施的工具，利用其找到措施后要形成行动计划，要将措施落实到个人，并且要明确时间节点和责任。

（二）将目标与执行计划分解

如何保证行动计划有效落实且执行到位呢？有两个工具可以做到，一个是工作分解表，一个是甘特图。在实际工作中，我们可以先使用工作分解表将各部门职能分类、分解和细化，然后再使用甘特图把每项工作细化成行动计划，确定完成日期，并跟踪执行情况。

下面以某企业为例进行说明：企业可以先使用"年度经营计划执行任务分解表"将各部门的目标进行分解，形成若干的部门执行计划。然后将各部门在每项工作上的具体工作内容制成行动计划表，并在行动计划表的基础上进一步明确开始时间、结束时间、需用天数等信息，从而形成甘特图，具体如表3-12所示。

二、进行有效的沟通

企业的年度经营计划要想在各部门得到有效执行，有效的沟通是必要的前提和重要手段。进行有效的沟通就是要让企业所有成员对年度经营计划有深刻、全面的了解，并且认同该计划。最好的方法就是让他们全程参与进来，也就是说，让所有成员都参与到计划制订的过程中。

（一）全程参与的益处

（1）能够充分挖掘成员们的潜力，集思广益，使企业的年度经营计划更加可行。

（2）由于参与了计划的制订，成员们自然就会全力以赴地执行和落实。

（3）制订计划的过程本身就是一个有效的沟通过程，若企业与各部门的沟通都很到位，那么，后续的执行工作会非常有效。

（二）全程参与的使用技巧

（1）企业在制订年度经营计划之前要有一个清晰的框架。可以将可预见的困难和解决方法列出一个提纲，作为对成员的一种引导，这样能避免他们产生分歧。

表3-12 品牌部××年度计划执行总表

项次	部门目标及分解目标（必要时分解）	执行计划的内容	执行时间（月）												KPI值	负责人	所需支援事项	备注
			1	2	3	4	5	6	7	8	9	10	11	12				
（一）部门总目标	1.年度销售业绩	（1）每天对到店顾客进行详细记录，对顾客的使用情况进行追踪，并汇总													1000万			
		（2）每月的销售任务分解到每天，并在每天晚上九点前发布当天销售业绩，须说明达标与否及原因	√	√	√	√	√	√	√	√	√	√	√	√	每天	销售		
	（线下操作）	（3）每周以电话、短信、微信、QQ、电邮等方式对新老客户进行问候（至少一次以上）	√	√	√	√	√	√	√	√	√	√	√	√	每天	销售		
		（4）每周六收集各店铺的当周销售业绩，并在下周一例会上发布；在每周一例会上总结上周的不足，并确定本周的工作安排	√	√	√	√	√	√	√	√	√	√	√	√	每周	客服		
		（5）每月底总结上月的销售业绩，为存在的不足寻求解决方案，并明确下月的销售任务和执行计划	√	√	√	√	√	√	√	√	√	√	√	√	每周	部门经理		
		（6）每月确定促销日，提前通知新老客户并派送小礼品，以带动消费、提高效益	√	√	√	√	√	√	√	√	√	√	√	√	每月	部门经理		
		（7）每月组织两次专业知识培训	√	√	√	√	√	√	√	√	√	√	√	√	每月	部门经理		
			√	√	√	√	√	√	√	√	√	√	√	√	每月	部门经理		

续表

项次	部门目标及分解目标（必要时分解）	执行计划的内容	执行时间（月） 1 2 3 4 5 6 7 8 9 10 11 12	KPI值	负责人	所需支援事项	备注
（一）部门总目标		（8）整理新老客户的资料，建立消费群，每天发布两条关于品牌的相关信息，每周至少发送一次向群内所成员内的信息，每月至少发布两次品牌促销活动信息或优惠信息	√ √ √ √ √ √ √ √ √ √ √ √	每天/每周/每月	客服		
		（9）每季度召集各店铺负责人总结当季销售业绩的不足之处和原因，并找出解决方法，配合调整下季度的销售目标和执行方案	√　　√　　√　　　√	每季	部门经理		
	（线下操作）	（10）每季度进行一次大型促销活动，要线上线下同时进行，在各大平台进行推广，以促进线上线下成交	√　　√　　√　　　√	1次/季度	部门经理		
		（11）每半年召集全体人员总结上半年的不足与优势，并根据市场反应调整营销战略	√　　　　　√	1次/半年	部门经理		
		（12）每月推出一款新产品，并利用线上各平台推广，以增强品牌的连续性效应；每季最少推出3~5组新产品，每组至少1~3款，每款至少2~3个颜色，以供体验店铺货用	√ √ √ √ √ √ √ √ √ √ √ √	每月/每季	部门经理		

续表

项次	部门目标及分解目标（必要时分解）	执行计划的内容	执行时间（月）												KPI值	负责人	所需支援事项	备注
			1	2	3	4	5	6	7	8	9	10	11	12				
（一）部门总目标	2. 纯利润比	（1）按照现有的产品定价，合理保持利润率		√		√		√		√		√		√	≥20%	部门经理		
		（2）设计新款产品前，先设定售价和利润率	√			√			√			√			不定时	部门经理		
		（3）每款产品须通过相关人员的评审后再最终定价	√			√			√			√			不定时	部门经理		
		（4）每月线上的款式按薄利多销的销售模式销售	√	√	√	√	√	√	√	√	√	√	√	√	长期	部门经理		
	3. 账款回收率	货款回收率达到100%	√	√	√	√	√	√	√	√	√	√	√	√	100%	销售	各店铺负责人	
	4. 新开体验店	计划新开体验店铺三家，分别在××市、××市和××市		√			√			√			√			三家	部门经理	公司支持	
	5. 客户满意度	（1）新顾客使用产品一周后，对其进行短信问候	√	√	√	√	√	√	√	√	√	√	√	√	95%	客服		
		（2）新顾客购买产品一个月后，应电话回访产品的使用情况并嘱附顾客回店进行皮具护理与保养（抓住回店机会，促成第二次交易）	√	√	√	√	√	√	√	√	√	√	√	√	95%	客服	销售	

续表

项次	部门目标及分解目标（必要时分解）	执行计划的内容	执行时间（月）												KPI值	负责人	所需支援事项	备注
			1	2	3	4	5	6	7	8	9	10	11	12				
（一）部门总目标	5.客户满意度	（3）电话回访中，尽量听取顾客的建议和意见，并记录建档，而且要及时跟进回复，满足顾客需求	√	√	√	√	√	√	√	√	√	√	√	√	95%	客服	销售	
		（4）顾客或产品在产品使用过程中有维修需求或在三包范围内需要调换的，应及时处理	√	√	√	√	√	√	√	√	√	√	√	√	95%	客服	销售	
		（5）可按顾客需求定制相关产品	√	√	√	√	√	√	√	√	√	√	√	√	98%	客服	销售	
	6.市场分析与调研	每个月对各店铺和线上销售的数据进行一次收集和汇总，并通过总结分析找出顾客聚焦点	√	√	√	√	√	√	√	√	√	√	√	√	1次/月	部门经理	电商	
		每季度进行一次市场大数据分析与调研				√			√			√			1次/季度	部门经理	电商	
	7.建立并健全销售管理体系	一月份完成销售人员和团队的提成奖励机制	√												半年调整1次	部门经理	咨询顾问	
		七月份建立整个部门的管理机制							√						试行半年后调整	部门经理	咨询顾问	
		三月份完成××年度的培训资料			√										100%	部门经理	咨询顾问	
	8.培训完成率	制订培训计划并予以实施，每月人均六小时	√	√	√	√	√	√	√	√	√	√	√	√	100%	部门经理	咨询顾问	

续表

项次	部门目标及分解目标（必要时分解）	执行计划的内容	执行时间（月） 1	2	3	4	5	6	7	8	9	10	11	12	KPI值	负责人	所需支援事项	备注
（一）部门总目标	9.预算控制率	（1）合理管控采购成本，并按市场需求和销售价位定制相关产品，以确保在销售中保持合理的利润率			√	√	√	√	√	√	√	√	√	√	100%	部门经理		
		（2）一月份建立与快递公司的合作，并签订网购的运输定价	√												100%	部门经理		
		（3）减少不必要的开发成本，所有产品必在讨论或销售单价是否适合市场后再决定开发与否	√	√	√	√	√	√	√	√	√	√	√	√	100%	全体人员		
（二）上级期望	1.完成团队构建	（1）三月份前完成品牌事业部的招聘			√										100%	部门经理		
		（2）全体人员重新接受公司制度、岗位职责、产品、销售专业技能、电商服务等各方面的培训	√	√	√	√	√	√	√	√	√	√	√	√	每月	部门经理		
		（3）完成体验店形象设计	√	√	√	√									不定时	企划		
	2.销售业绩	（1）每款产品以"一个唯一性和两个必须性"为突破口，增强顾客对品牌和产品的依赖性和忠实性	√	√	√	√	√	√	√	√	√	√	√	√	长期性	部门经理		
		（2）召集全体人员讨论并确定品牌颜色，以配合市场需求	√												一月	部门经理		

续表

项次	部门目标及分解目标（必要时分解）	执行计划的内容	执行时间（月）												KPI值	负责人	所需支援事项	备注
			1	2	3	4	5	6	7	8	9	10	11	12				
（二）上级期望	2.销售业绩	（3）提升产品价值和销售技巧，抓住消费者的瞬间消费心理，提高成交率	√	√	√	√	√	√	√	√	√	√	√	√	1次/月	部门经理	各店铺负责人	
		（4）提升店铺员工的面对面销售技巧和专业知识，以增加成交量	√	√	√	√	√	√	√	√	√	√	√	√	每月	店长	各店铺负责人	
		（5）结合线上推广，要求线下各店铺负责人走出店铺进行宣传，以带动到店消费	√	√	√	√	√	√	√	√	√	√	√	√	不定时	店长	各店铺负责人	
	3.工作态度	（1）对工作积极主动，对客户、公司业绩负责	√	√	√	√	√	√	√	√	√	√	√	√	长期	部门经理		
		（2）关注品牌相关事项，并及时分析汇总	√	√	√	√	√	√	√	√	√	√	√	√	长期	部门经理		
		（3）多方面深入了解国内市场需求，以建立各种销售渠道	√	√	√	√	√	√	√	√	√	√	√	√	长期	部门经理		
		（4）完成上级交办事项	√	√	√	√	√	√	√	√	√	√	√	√	100%	部门经理		
（三）自我改善	展会次数	（1）组织参加周边城市的展销会、展览会	√	√	√	√	√	√	√	√	√	√	√	√	3次/年	部门经理	企划	
		（2）为每次展会的选位、装饰、货品、人员等提前做好方案	√	√	√	√	√	√	√	√	√	√	√	√	开展前	部门经理	企划	

（2）在参与人员的选择上也要注意。企业应事先进行调查研究，挑选态度积极、办法较多的部门负责人参加计划制订的第一阶段，该阶段是要解决主要问题。然后，由部门的主要经理、骨干参加计划制订的第二阶段，这一阶段的主题仍然是制定方案，但主要目的是统一思想、达成共识，这样可以大大提高企业各部门对方案的认同感，从而提高执行效果。

三、建立配套的管理体系

（一）组织架构

很多企业的常规组织架构不能与年度经营计划相配套，主要是因为他们只是将其他企业的组织架构照搬过来，既缺乏正确的指导思想，又没有考虑自身的特点。

面对这样的问题，企业应当考虑重新调整组织结构，使其真正成为一套有逻辑的组织架构。

1. 设计的指导思想

组织架构的设计应基于营销价值链和专业分工。尽管所处行业不同，每个企业的组织架构都存在差异，但它们在某些方面存在高度的一致性。

2. 设置一级部门

一级部门就是企业中最大的专业职能部门。一般来说，一个实体企业（不是集团公司）的一级部门有七个，分别是市场部、销售部、研发部、产品供应部、财务部、人力资源部和行政部，它们构成了一个专业协作体，每个部门都有自己的专业职能。之所以要这样设置一级部门，是因为在价值链里没有出现其他部门。

3. 将一级部门与二级部门分开

有的企业有信息部、采购部、投资部等二十多个部门，此时可以将一级部门与二级部门分开，将组织架构调整成一个更有效的价值链。例如，可将采购部设为产品供应部下属的二级部门，这样的组织架构就匹配了营销价值链，而且每一个核心职能都有唯一的负责人。

（二）薪酬体系

薪酬体系的内容庞杂，包括了员工现在的薪酬状况、将来如何提升、年底如何评价、奖金如何分配等一整套管理方案。与年度经营计划配套的薪酬体系能够促进年度经营计划的顺利落实。

1.奖金的设置

企业应建立一套以项目为单位的奖金体系，来奖励那些为企业完成更多项目和任务的员工。一般来说，项目奖金可以分为ABC三类，具体如图3-12所示。

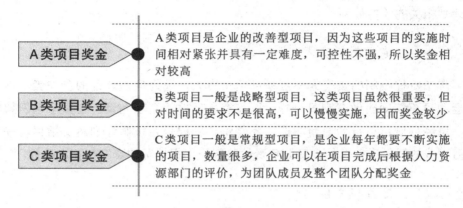

图3-12　项目奖金的分类

2.奖金设置问题的解决方法

（1）减少原有体系中奖金的数量，或者将所有奖金变成项目奖金。

（2）设立月度全勤奖，把其他奖项全部变成项目奖金，奖给所有参与的成员。

当然，企业也可以实行双轨制，既有原来的奖金体系，也有项目奖金。企业可以根据自己的实际情况选择奖金体系。

3.如何评价项目

对项目的评价直接决定着企业的奖金分配，因而，企业需要建立一个项目评价体系。以下公式可供参考：

$$分数 = 8X + 2Y - N$$

其中，X代表对项目实施质量的评分，即目标完成的程度如何，满分为1分；Y代表在时间上的达标度，按时完成项目则得到满分1分，超过时间就要扣除一定的分数；N代表负责团队在操作项目时违反企业制度的次数，每违规一次扣1

分或0.5分。企业在实施项目时，不能只追求结果而违反形式，这一设定是为了维护企业制度的严肃性。经过实践检验和测算，这一公式的合理性得到了证明，它科学而客观，既对项目完成的时间、项目完成的质量提出要求，也对实施项目的规范性提出要求。将得出的数字乘以奖金总额，即可得出奖金的数额。

四、建立常态监控机制

为了保证年度经营计划的落实，企业需要建立常态监控机制，即与年度经营计划相关的监控体系。

（一）确定机制负责人

常态监控机制的负责人不能是部门负责人，因为他是计划的参与者，这就与运动员不能同时做裁判员一样。以设有总经办的企业为例，在整个组织架构中，总经办既可以行使监督职能，监督每个部门是否按照计划落实项目，并对项目完成的质量进行评估；又要负责检验部门上报情况的真实性和准确性。

（二）主要监控手段

总经办监督年度经营计划落实情况的最重要手段，就是定期组织年度经营计划监控会，也称总经理办公会。

一般来说，会议在每个月的10日召开，且只讨论与年度经营计划有关的问题。各部门负责人都要汇报本部门的情况，以便有针对性地讨论相关问题。例如，针对业绩没有按预期增长的问题，应讨论是否追加项目或者缩减预算。如果会议召开得不及时，整个计划就可能出现偏差。

五、提高员工素质

企业要想最终实现年度经营计划，还有一项重要工作，那就是提高员工素质。如果不提升员工的项目管理水平，仍然按照传统的方式行事，企业的整体效率就不可能得到提高。

第四章

全面预算管理

引言：

全面预算管理是现代企业管理中的重要组成部分，对企业的发展起着举足轻重的作用。在当今的现代企业管理实践中，各种经济关系日趋复杂，企业管理者只有广泛采用现代管理观念，充分认识全面预算管理的重要意义，不但要懂得如何科学地编制全面预算，而且要善于运用全面预算管理，才能使企业不断提高经济效益，真正成长为现代化企业。

第一节　全面预算管理概述

一、什么是全面预算管理

全面预算是对企业一定时期内的各项业务活动、财务表现等方面的总体预测，包括运营计划、预算两大方面。定义中的"一定时期内"，通常是指一年；运营计划，包括公司级与部门级；预算，包括收入、费用、资本性支出、利润、现金流量、资产负债等子预算。之所以称为"全面"，是因为预算的编制、执行与调整涉及公司的所有部门及主要人员，包括公司所有的业务部门与职能部门。

二、全面预算管理的目的

企业推行全面预算管理的目的是：细化战略目标、落实绩效考核、合理分配资源、加强风险控制、促进开源节流，具体如图4-1所示。

细化战略目标	全面预算能够细化企业战略规划和年度经营计划，它是对企业整体经营活动所做的一系列量化安排，有利于监控战略规划与年度经营计划的顺利执行。通过全面预算的编制，可以促进企业上下级之间、部门与部门之间的相互交流与沟通，增进其相互之间的了解，加深部门及员工对企业战略的理解；可以为企业的全体员工设立一定的行为标准，明确工作努力的方向，促使其行为符合企业战略目标及预算的要求；还可以促使企业管理层认真考虑完成经营目标所需的方法与途径，并对市场可能出现的变化做好准备
落实绩效考核	全面预算是企业实施绩效管理的基础，是进行绩效考核的主要依据，将预算与绩效管理相结合，可促使企业对各部门的考核真正做到"有章可循，有法可依"
合理分配资源	全面预算体系中有一部分数据可直接用于衡量下一年度企业财务、实物与人力资源的规模，可作为调度与分配资源的重要依据之一

加强风险控制 ☞	全面预算是企业管理层进行事前、事中、事后监控的有效工具，通过寻找经营活动的实际结果与预算的差距，可以迅速发现问题并及时采取相应的解决措施。通过强化内部控制，可降低企业日常的经营风险。全面预算体系可以初步预计企业下一年度的经营情况，根据所反映的预算结果，预测其中的风险点，并预先采取某些风险控制的防范措施，达到规避与化解风险的目的
促进开源节流 ☞	通过全面预算，可以加强对费用支出的控制，有效降低企业的运营成本。全面预算体系中包括与企业收入、成本、费用相关的部分，通过对这些因素的预测，并配合预算报告与绩效奖惩措施，可以对下一年度的实际经营水平进行日常监控，这有助于企业及时作出决策。当企业的收入、成本费用水平偏离预算时，企业决策者就可以根据预算报告中所反映的问题采取必要的管理措施，并加以改进。而且，考虑到收入与成本费用间的配比关系，全面预算体系可以为以收入水平增长为前提的成本节约进行较为准确的预计

图 4-1　全面预算管理的目的

三、全面预算的内容

全面预算包括两方面的内容：第一，业务预算，如销售预算、生产预算、采购预算、生产成本预算等；第二，财务预算，如资本预算、现金预算、预计报表等。没有业务预算就没有财务预算。

全面预算的编制需要各部门共同完成，其中，财务部起到支持与辅导作用。其他部门需要给财务部提供数据，财务部需要给其他部门辅导和讲解如何填写表格、填写依据是什么、如何获取填写数据。

（一）业务预算

业务预算是与企业基本生产经营活动相关的预算，主要包括销售预算、生产预算、直接材料预算、直接人工预算、费用预算（制造费用预算、期间费用预算）等，如表4-1所示。

表 4-1 业务预算的项目

序号	项目	说明
1	销售预算	销售预算是在销售预测的基础上编制的,用于规划预算期销售活动的一种业务预算。销售预算是整个预算的编制起点
2	生产预算	生产预算是为规划预算期生产规模而编制的一种业务预算,它是在销售预算的基础上编制的,可以作为编制直接材料预算和产品成本预算的依据
3	直接材料预算	直接材料预算是为了规划预算期直接材料采购金额的一种业务预算。直接材料预算以生产预算为基础编制,同时也要考虑原材料的存货水平
4	直接人工预算	直接人工预算是一种既能够反映预算期内人工工时消耗水平,又能够规划人工成本开支的业务预算
5	制造费用预算	制造费用预算通常分为变动制造费用预算和固定制造费用预算两部分。变动制造费用预算以生产预算为基础编制;固定制造费用预算则需要逐项进行预计
6	产品成本预算	产品成本预算是销售预算、生产预算、直接材料预算、直接人工预算、制造费用预算的汇总,其主要内容是产品的单位成本和总成本
7	销售及管理费用预算	销售费用预算是为了实现销售预算所需支付的费用预算,一般以销售预算为基础编制。管理费用预算一般是以过去的实际开支为基础编制,并按预算期的可预见变化来调整

(二)财务预算

财务预算是反映企业在预算期内现金收支、经营成果和财务状况的预算,是量化的财务目标,是企业财务决策的结果。财务预算主要包括现金预算、预计利润表和预计资产负债表,如图4-2所示。

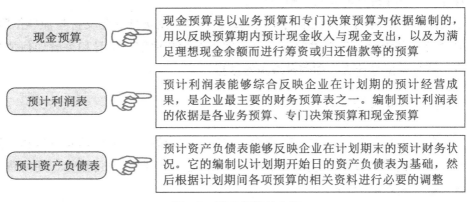

现金预算 ☞ 现金预算是以业务预算和专门决策预算为依据编制的,用以反映预算期内预计现金收入与现金支出,以及为满足理想现金余额而进行筹资或归还借款等的预算

预计利润表 ☞ 预计利润表能够综合反映企业在计划期的预计经营成果,是企业最主要的财务预算表之一。编制预计利润表的依据是各业务预算、专门决策预算和现金预算

预计资产负债表 ☞ 预计资产负债表能够反映企业在计划期末的预计财务状况。它的编制以计划期开始日的资产负债表为基础,然后根据计划期间各项预算的相关资料进行必要的调整

图 4-2 财务预算的内容

第二节　全面预算的编制程序

一、准备阶段

每年编制预算时，为了凝聚共识，企业应召开预算启动会议，使各部门明确预算编制的原因以及预算的目标、方针和思想等。

简单地说，预算启动就是为预算的正式开始而做的准备，目的是使预算能够顺利地实施，并为预算工作的全面展开提供保障。

1. 预算启动的范围

企业各部门都是预算启动的责任人。各部门负责人要按照预算启动会议规定的时间，收集和汇总各部门的下年度初步预测报告和相关资料，并对企业年度财务预算进行数据分析及提出建议，然后提交总经理办公会商议，以确定企业年度战略目标与方案。预算管理委员会应在各部门组建预算小组后，责成财务部或预算部对预算小组进行年度预算编制工作的培训，并下发全套的预算表格和编制说明。

2. 预算启动的内容

通常，为编制下年度的预算，企业应在每年的第四季度启动预算动员工作。预算的启动日期一般根据企业的自身情况来定。启动预算动员工作就是要让各部门了解企业的下年度经营目标，为制定下年度预算做好准备工作，一般由总裁办公会（预算管理委员会）组织分解年度经营指标，落实预算编制部门的具体工作，并且规定各部门正式开始编制预算的日期。

预算启动会议以标准化的程序确定了战略发展规划的下达、年度经营指标的分解和下达、各预算编制部门责任的落实、全面预算全套文件的下发及全面预算编制的培训等具体内容。

（1）确定制定预算的时间

通过预算启动会议，约定企业从预算启动到制定预算的时间，这样能使企业各部门及负责人了解预算编制期间的工作要领和约束条件，防止预算工作的盲目性和主观性。

（2）确定预算控制目标

① 确保在预算启动之前各预算编制部门能在充分理解企业下年度战略目标的基础上，就年度财务和经营目标以及各项分解指标达成共识，并通过全面预算的编制达成企业的年度战略目标。

② 确保全面预算的工作要求和预算表格能够及时下发到各预算编制部门，并保证有关年度预算工作的指导性要求能够从上往下得到有效传达。

③ 确保各预算编制部门在企业全面预算工作中的职责得到合理的划分和落实。

（3）确定预算的主要控制点

① 每年在规定日期之前，由预算管理委员会（总裁办公会）组织副总裁、各部门负责人召开预算启动会议，讨论确定企业年度经营计划及经营目标值，并落实各预算单位在实现经营目标值中的责任。

② 总裁秘书在预算启动会议后将企业年度经营计划整理成文，待各部门负责人会签后，由总经理正式批准下发。

③ 各预算编制部门负责人必须向本部门人员传达预算编制的内容和要求。

④ 通过预算启动会议，使企业各部门掌握预算管理办公室对预算编制人员培训的时间和内容。

⑤ 编制并下发全面预算全套文件。

（4）约定预算启动会议的规则

企业预算管理委员会应要求各部门负责人在规定的日期前提交初步预测报告，经审核后再次召开预算会议。

企业董事长、董事会董事、总经理、副总经理以及各部门负责人应参加预算启动会议，会议期间参加者如需请假，副总经理及部门负责人应由总经理和董事长批准，总经理和执行董事应由董事长批准。财务行政主管副总在预算启动会上负责汇报本年度的财务状况及预算执行情况。会议必须确定企业的年度经营目标，目标中应包括各部门费用制定依据和调整幅度。

某公司预算启动的工作内容，具体如表4-2所示。

表 4-2　××公司预算启动的工作内容

步骤	工作内容	说明
1	预算管理委员会召开预算启动会议	每年在规定日期之前，按照董事会审批的公司战略发展规划，预算管理委员会组织副总裁、各部门总监召开预算启动会议。在会议上，总裁向与会人员传达董事会下达的公司战略发展规划
2	预算管理委员会讨论各事业部经营计划	预算启动会议与会人员根据公司战略目标，讨论确定事业部年度预算编制时间，并落实各预算编制部门在实现经营目标值中的职责
3	总裁秘书整理会议内容，形成预算启动会议纪要	预算启动会议之后，总裁秘书整理会议内容并形成预算启动会议纪要。会议纪要的内容具体包括： （1）事业部战略发展规划的下达 （2）事业部的年度经营目标，包括事业部总体销售收入目标和事业部总体利润 （3）事业部的年度工作重点 （4）各预算编制部门的职责 （5）预算编制的时间要求 预算管理委员会与会成员会签会议纪要，在规定日之前由总裁秘书下发到各预算编制部门，包括集团采购中心和集团研发中心
4	财务部测算营销费用率和现金流量	（1）财务部根据总裁办公会确定的事业部总体销售收入目标和事业部总体利润目标以及以前年度的业务数据测算事业部总体营销费用率和事业部总体现金流量指标 （2）在规定日之前，财务部总监将各项指标递交总裁秘书作汇总处理
5	市场部测算铺货率、产品渗透率和新产品销售量比	（1）市场部根据预算管理委员会确定的事业部总体销售收入目标和事业部总体目标利润，并依据以前年度业务数据测算各项产品铺货率、各项产品渗透率和新产品销量比例指标 （2）在规定日之前，市场部总监将各项指标递交总裁秘书作汇总处理
6	销售部测算销售人员人均销售量、订单满足率	（1）销售部根据预算管理委员会确定的事业部总体销售收入目标和事业部总体利润目标测算销售人员人均销售量和订单满足率 （2）在规定日之前，销售部总监将各项指标递交总裁秘书作汇总处理
7	总裁秘书汇总指标并上报预算管理委员会	在规定日之前，总裁秘书汇总财务部、市场部和销售部测算的年度经营指标，并递交给预算管理委员会

续表

步骤	工作内容	说明
8	预算管理委员会讨论确定指标	（1）预算管理委员会讨论并审核财务部、市场部和销售部测算的年度经营指标，如果审核不通过，预算管理委员会将提出修改意见，要求各部门修改后重新审核 （2）审核通过后，由总裁秘书汇总，于规定日之前形成会议纪要，经总裁办公会成员会签后，由总裁秘书下发至各相关部门
9	销售部年度经营指标的分解	（1）销售部对年度收入和费用指标进行分解，包括对销售收入指标的分解（分解到各区域）和管理费用（营业费用）的分解（分解到各区域） （2）在规定日之前递交总裁秘书作汇总处理
10	财务部年度经营指标的分解	（1）财务部对费用指标进行分解，将事业部本部管理费分解到各部门 （2）在规定日之前递交总裁秘书作汇总处理
11	市场部年度经营指标的分解	（1）市场部对市场管理指标进行分解，包括对铺货率（分解到各区域）、产品渗透率（分解到各区域）、新产品销量比率（分解到各区域）和各区域市场费用的分解 （2）在规定日前递交总裁秘书作汇总处理
12	重点客户部年度经营指标的分解	（1）重点客户部对重点客户相关销售指标进行分解，包括对重点客户部销售收入指标的分解（分解到各城市门店）和各区域重点客户市场费用的分解 （2）在规定日之前递交总裁秘书作汇总处理
13	总裁秘书汇总年度经营指标，并提交预算管理委员会	总裁秘书对销售部、财务部、市场部和重点客户部分解的相关年度经营指标进行汇总，在规定日前上报预算管理委员会
14	预算管理委员会审核年度经营指标的分解	（1）预算管理委员会审核销售部、财务部、市场部和重点客户部分解的相关年度经营指标，若审核不通过，预算管理委员会将提出修改意见并要求各部门修改完成后重新审核 （2）审核通过后，在规定日之前由总裁秘书下发至各相关部门
15	各预算编制部门召开本部门预算工作会	（1）各预算编制部门总监在预算启动会议结束后，应及时召开本部门内部预算工作会，并在本部门内部挑选关键岗位人员，准备开始编制本部门预算 （2）各预算编制部门总监应将公司预算启动会议精神传达至部门内部员工，并提前考虑部门内部预算编制和执行过程中可能遇到的问题

续表

步骤	工作内容	说明
16	预算管理办公室组织预算编制培训	预算管理办公室应及时对各部门预算编制人员进行年度预算编制的培训,对预算编制流程、各项数据的预测方法、计划表填制方法以及年度预算工作重点等内容进行讲解,以确保预算编制人员掌握预算编制的方法
17	预算管理办公室下发计划表	预算编制培训之后,预算管理办公室下发全面预算指导文件,其中包括事业部全面预算目标、全面预算表格、全面预算编制手册和编制进度要求
18	各预算编制部门开始编制预算	各预算编制部门的预算编制人员按规定日正式开始全面预算的编制工作,编制依据主要是公司年度经营目标、预算启动会议纪要以及全面预算指导文件,具体编制方法与步骤参照"各部门预算编制流程"

二、编制阶段

编制预算时,每一阶段、每一节点的合理衔接决定着预算的执行效果。在全面预算过程中,编制时间虽然占的比重很小,但却决定着预算编制的准确性。在预算编制阶段,可以设计一些固定的表格下发至各个部门,以保证表格形式的统一和数据统计的方便,具体如表4-3至表4-6所示。

表 4-3 费用预算分月汇总表

部门: 　　　　　　　　　　单位:元　　　　　　　制表日期:

序号	费用名称	月份						合计
		1月	2月	3月	4月	5月	……	12月	
1	工资								
	其中:非主管工资								
	主管工资								
2	福利费								
	其他福利								
	业务奖励经费								
	伙食费(食品)								
	煤气柴油费								

续表

序号	费用名称	月份							合计
		1月	2月	3月	4月	5月	……	12月	
	奖励支出								
	文娱开支								
	医疗开支								
3	劳保费								
	其中：工衣								
	其他劳保用品								
4	折旧费								
5	保险费								
	其中：社保金								
	意外险								
	其他保险								
6	办公费								
	其中：印刷表单类								
	办公文具类								
7	通信费								
	其中：电话补助								
	座机话费								
	其他通信费								
8	水电费								
	其中：电费								
	水费								
9	差旅费								
10	工厂租赁费								
11	物料消耗								
12	维修费								
13	摊销费								
14	租车费								

续表

序号	费用名称	月份							合计
		1月	2月	3月	4月	5月	……	12月	
	其中：加油费								
	路桥费								
	维修费								
	保险费								
15	运输费								
	其中：吊车费								
	叉车费								
	租车费								
	其他运输费								
16	展览费（参展费）								
	其中：展位费								
	差旅杂费								
	平装费								
	运输费								
	其他								
17	广告费								
	其中：网络广告								
	网络营运								
	杂志广告								
	印刷品支出								
18	平面设计、策划费								
19	展架设计制作费								
20	应酬费								
21	培训费								
22	招聘费								
23	环卫费（清洁卫生用品）								
24	快递费								
25	外发加工费								

续表

序号	费用名称	月份						合计
		1月	2月	3月	4月	5月	……	12月	
26	财务费用（银行手续费）								
27	营业外支出								
28	其他费用								
29	设计师开支费用								
30	设计打板费（季度）								
	合计								

注：1.表格中的文字用宋体书写，要求靠左对齐；金额等数字，字体为 Times New Roman，保留两位小数，并要求靠右对齐。

2.大家填写时请保持格式不变，不可以增加或删除空白表格。

3.各部门根据自己的费用预算科目找到表中相对应的科目填列。

4.各办事处必须填写每个相关费用项目。

编制：　　　　　　　　　　　　　　　　　公司批准：

表 4-4　行政费用预算工作底稿

科目	编号	所需理由及重点说明	月份	金额（元）
		合计		

说明：按费用科目来编制，一个科目填写一张。（部门经常性的支出）

表 4-5　专案费用预算工作底稿

专案名称				
专案编号				
科目	编号	所需理由及重点说明	月份	金额（元）
		合计		

表 4-6　资本支出预算表

科目		
编号		
月份	所需理由及重点说明	金额（元）
	合计	

说明：有资本支出的月份才填写（总务统筹采购，属于资产类）。

三、初审阶段

各部门提交预算草案后，预算管理委员会或预算管理部要对预算草案进行初审，查看其是否符合预算的编制规范。比如，预算表中应该填写"销售收入"，有些部门却填写了"销售量"。预算管理委员会或者预算管理部会将不符合预算编制规范的预算草案退回原部门重新编制。

四、讨论阶段

全面预算的讨论阶段由财务部或预算管理部主导，由相关部门参加，该阶段对各部门预算的可执行性提出质疑，并讨论该预算是否全面、可行和科学。很多预算在编制时都是粗略的想法，如果在执行阶段不认真审查，就会导致执行结果存在偏差。

五、决策下发

预算审核通过后就可以下发了，通常在每年的12月底之前完成。企业要明确各部门的工作要求与工作职责，并严格执行。

六、签订业绩合同

全面预算的决策下发之后,企业应将预算指标和各项预算数据结合起来形成一份业绩合同,这份业绩合同应逐级签订,如总经理与部门经理签、部门经理与员工签,每一级的工作开展都围绕着业绩合同进行,所有人都应对业绩合同负责。此时,业绩合同便成为了绩效考核的数据来源。

（一）签订业绩合同的目的

通过签订业绩合同,企业能够建立科学的管理机制,从而使企业所有员工的利益与股东利益保持一致。具体而言,业绩合同的签订要达到以下目的:

（1）保证企业总体战略的实施。

（2）使高层管理者将精力集中在企业价值最关键的经营决策上。

（3）使被考核者将精力放在企业价值最关键的经营决策上。

（4）培育业绩至上的企业文化。

（5）以合同的方式体现业绩承诺的严肃性。在企业中,高级管理层与业务单元及职能单元之间通过业绩合同界定彼此的业绩承诺,具体如图4-3所示。

（6）激励集体业绩,明确个人责任,具体如图4-4所示。

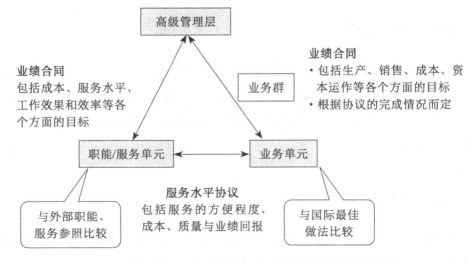

图4-3 高级管理层与业务单元及职能单元之间的业绩承诺

激励集体业绩	明确个人责任
（1）明确每个部门的分工以及为企业创造最大价值的方式方法 （2）实现集团企业内部资源的合理化配置，将资源集中在最具潜力的业务上 （3）提高企业内部管理的透明度，并对业绩进行监督和及时反馈	（1）制定明确的目标和评估方法，并根据考核结果决定各部门领导对企业的贡献 （2）将个人对业绩负责的做法制度化 （3）建立有效的激励机制，促使管理者改变行为，使他们的利益与股东的利益保持一致

图 4-4　签订业绩合同对集体业绩和个人责任的影响

（二）业绩合同的设计

1. 业绩合同的设计原则

在进行业绩合同设计时应遵循四个原则，具体如图 4-5 所示。

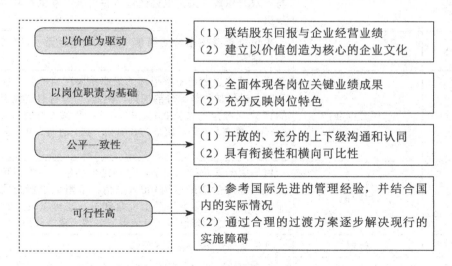

图 4-5　业绩合同的设计原则

2. 业绩合同的内容

不同的企业所使用的业绩合同也不一样。大多数业绩合同包括但不限于表 4-7 所示的内容。

表 4-7 业绩合同的内容

序号	内容	具体说明
1	基本信息	基本信息包括考核人姓名、被考核人姓名、考核人职位、被考核人职位、绩效周期等，这些信息都是组织前期梳理的结果。通过组织梳理，能够明确岗位设置和管理汇报关系，并以此为基础确定考核关系
2	指标分类	指标分为定量指标和定性指标两种。定量指标是指可以量化的指标，定性指标是指量化困难、需要进行定性评价的指标。两类指标的权重加在一起为100%。不同的岗位，定量指标和定性指标的权重也不一样，例如，业务部门的定量指标权重会高一些，高管的定量指标会高一些，职能部门的定性指标会高一些，中基层的定性指标会高一些
3	指标名称	销售收入、客户满意度、销售计划准确率、利润率等都是指标名称
4	指标定义/公式	仅仅明确指标名称，对于如何衡量还不是很充分，因此，需要进一步解释。例如，"计算销售计划完成率指标的公式为当期实际销售额/计划销售额×100%"。这样既易于双方理解，又可以避免双方在考核时发生不必要的争执
5	单位	单位是指考核指标的衡量单位，比如万元、百分比、个、家等
6	评分标准	评分标准是指当考核指标的最终结果和目标值产生差异时，进行加分与减分的规则。例如，"原材料消耗定额的评分标准是：达到0.3%得100分；每减少0.01%，加6.7分，最高120分；每增加0.01%，扣13.3分，0.33%以上为60分"
7	目标值	目标值一般包括三个值，分别是标准值、下限值和上限值。标准值就是达到100分的值；下限值是指企业不能容忍的值，可以将下限值设为60分，也可以设为0分；上限值是指达到该值时，考核得分封顶，通常设为120分
8	权重	权重是每项考核指标的权重
9	实际完成	每个绩效周期内各项考核指标实际完成的数据和信息
10	数据来源部门	一般情况下，考核数据由第三方提供，例如，销售部的销售收入数据来源于财务部，生产部的质量合格率指标数据来源于质检部
11	定性指标衡量标准	为了便于企业对定性指标进行评价，建议将评价标准设为尺度评价法

（三）业绩合同的签订

1.业绩合同的签订范围

并不是所有的员工都要签订业绩合同。企业在确定签订范围时应考虑以下因素：

（1）对企业业务发展的把握

按照既定战略与员工签订有针对性的业绩合同，可以确保企业的发展方向。

（2）对员工的评估激励效果

合适的业绩合同可以有效地考核和识别人才。

（3）损益责任

业绩合同的签订对象主要是对损益结果有重大影响的管理人员，其下属人员可不必签订业绩合同。受约人可以将自己的业绩合同分解成不同职责员工的关键业绩指标，以督促和考核下属人员。签订业绩合同的员工范围，如图4-6所示。

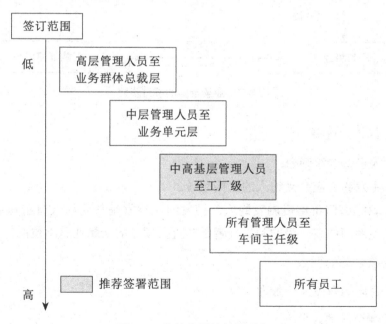

图 4-6　业绩合同的签约对象

2.业绩合同的签订步骤

业绩合同的签订是按层级进行的，具体步骤如图4-7所示。

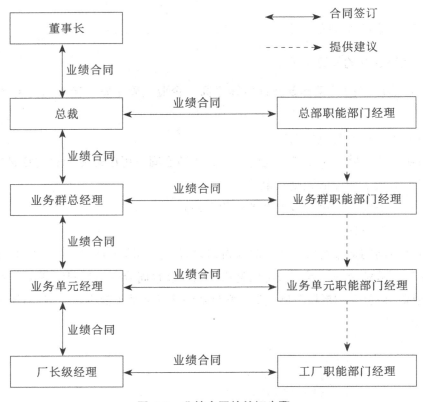

图 4-7　业绩合同的签订步骤

3. 发约人的选择

发约人选择的原则为：

（1）主发约人应是受约人的直接领导。

（2）职能部门可增设副发约人。副发约人通常是与受约人有密切业务联系的其他职能部门中高一级的领导或者是非直接领导的从属业务单位的经理。

4. 业绩合同的期限

业绩合同的有效期一般为一年。

5. 业绩合同的效力

业绩合同一旦签订就具有约束效力，在有效期内不得擅自更改。如遇到对企业影响重大的、人力不可控制的极特殊情况（如自然灾害或外部环境的巨大改变），董事会有权酌情予以调整。

第三节　各预算单位的业务预算

一、销售预算编制

销售预算一般是企业生产经营全面预算的编制起点，生产、材料采购、仓储费用等方面的预算都要以销售预算为基础。

销售预算以销售预测为基础，以各种产品的历史销售量为主要依据，结合产品的发展前景等资料，按产品、地区、客户和其他项目分别编制，然后汇总成销售预算。

销售预算，一方面，它可以为其他预算提供基础，另一方面，它本身就具有约束和控制企业销售活动的功能。

（一）编制人员

编制销售预算时，一般由销售部门主导，财务部、生产部、研发部等部门辅助。

（二）注意事项

编制销售预算的注意事项，如表4-8所示。

表4-8　编制销售预算的注意事项

序号	注意事项	内容
1	销售政策	编制销售预算时，企业应先评估自己的销售政策是否合理，如有不合理之处，就要做出相应调整
2	信用政策	企业的信用政策一般包含两项内容：一是信用期限，例如，如果上一年度企业给客户的信用期限是30天，那么未来年度是缩短信用期限还是延长信用期限，压缩和延长的理由分别是什么；二是信用额度，例如，企业上一年度给某客户的额度是30万元，那么未来年度是给30万元还是给40万元，这取决于对方的信用。这两个环节会影响企业应收账款的回收管控，所以，在编制销售预算前要特别注意

续表

序号	注意事项	内容
3	定价机制	关注竞争对手的产品价格变化,即企业所属行业的产品价格变化
4	客户政策	明确企业应该优化哪些客户、保留哪些客户,不应把有贡献的客户优化掉
5	渠道政策	在编制销售预算前,企业应考虑渠道拓展的重点。例如,企业现在所处的市场为一级市场,是否需要拓展二、三级市场,拓展会带来什么好处等
6	广告促销政策	广告促销可以影响销售额度和销售费用,企业应关注广告促销的策略,例如,上一年度在哪些方面投入了广告、广告效果如何等
7	销售人员与业绩提成策略	销售人员是否需要优化、薪酬如何改变、激励政策是否需要修改等,这些策略的改变会影响产品销量和销售成本

（三）销售预算的具体内容

销售预算的内容包括销量预算、销售价格预算、销售收入预算、回款预算、销售费用预算、成品期末库存预算等。

（四）销售收入预算的编制

下面以销售收入为例,介绍如何编制销售收入预算。

编制销售收入预算时,应根据预计销售量和预算销售单价计算出预计的销售收入,即：

$$预计销售收入 = \sum 预计销售数量 \times 预计销售单价$$

1. 销售收入预算的编制步骤

销售收入预算的编制步骤,如图4-8所示。

2. 预算表格

编制销售收入预算时,可能用到的表格有销售收入预算表（按年份、季度和品种、客户、地区编制）、应收账款预算表（现金收支预算的依据）、销售收入预算及应收账款预算汇总表,分别如表4-9、表4-10、表4-11所示。

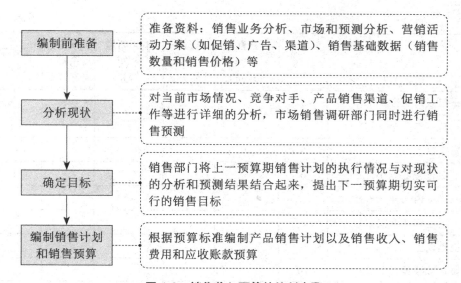

图 4-8　销售收入预算的编制步骤

表 4-9　销售收入预算表

项目	1季度	2季度	3季度	4季度	全年
产品1销售量（件）					
产品1销售单价（元）					
产品1销售收入（元）					
产品2销售量（件）					
产品2销售单价（元）					
产品2销售收入（元）					
……					
销售收入合计（元）					

表 4-10　应收账款预算表

内容	行次	年初账面余额（万元）	预算回收（万元）	本年新增金额（万元）	期末余额（万元）	回收率（%）
栏次	—	1	2			3
合计	1					
一、应收账款小计	2					

续表

内容	行次	年初账面余额（万元）	预算回收（万元）	本年新增金额（万元）	期末余额（万元）	回收率（%）
1.一年以内（含一年）	3					
2.一至三年（含三年）	4					
3.三年以上	5					
二、其他应收款小计	6					
1.一年以内（含一年）	7					
2.一至三年（含三年）	8					
3.三年以上	9					
三、应收票据	10					
四、预付账款	11					
1.一年以内（含一年）	12					
2.一至三年（含三年）	13					
3.三年以上	14					

表4-11 销售收入预算及应收账款预算汇总表

项目	1季度	2季度	3季度	4季度	全年
产品1销售量（件）					
产品1销售单价（元）					
产品1销售收入（元）					
产品2销售量（件）					
产品2销售单价（元）					
产品2销售收入（元）					
……					
销售收入合计（元）					
年初应收账款金额（元）					
上期销售本期收款数（元）					
本期销售本期收款数（元）					
现金收入合计（元）					

3.销售数量的预测方法

(1) 根据目标利润指标确定销售数量

根据目标利润指标,已知单位变动成本、固定成本和销售单价,即可确定销售数量。

$$预测年度销售数量 = \frac{目标利润 + 固定成本}{销售单价 - 单位变动成本}$$

例如,某公司投资额为6 000万元,预算年度的投资收益率要求达到10%。已知公司产品的销售变动成本率为60%,固定成本为1 500万元,销售单价为5万元,计算销售数量。

解析:公司的目标利润=6 000×10%=600(万元)

目标利润=销售数量×销售单价−销售数量×销售单价×变动成本率−固定成本

$$销售数量 = \frac{目标利润 + 固定成本}{销售单价 - 单位变动成本} = \frac{600 + 1\,500}{5 - (5 \times 60\%)}$$

=2 100÷2=1 050(件)

销售收入=1 050×5=5 250(万元)

(2) 根据趋势分析确定销售数量

根据趋势比率中的销售增长率和市场占有率确定销售数量。

$$预算年度销售数量 = 本年实际销售数量 \times (1 + 销售增长率)$$

或者,

$$预算年度销售数量 = 预算年度市场需求量 \times (1 + 市场占有率)$$

例如,某公司上年实际销售额为8 000万元,本年预计增长率为15%的可能性为40%,预计增长率为5%的可能性为30%,预计不增长的可能性为20%,预计增长率为−10%的可能性为10%。计算本年预计销售数额为多少。

解析:销售收入=[(15%×40%+5%×30%−10%×10%)+1]×8 000=8 520(万元)

(3) 使用定性分析法确定销售数量

① 主管集体判断法:企业所有主管利用他们的经验和知识,以集体意见代替预测。

② 推销员判断法:又称意见汇集法,是由企业熟悉市场情况和相关信息的管理人员对推销人员调查得来的结果进行综合分析,从而做出预测的方法。

③ 专家意见法:是专家根据他们的经验和判断对特定产品的未来销售数量进行判断和预测的方法。

④ 产品寿命周期分析法:是根据产品销售量在不同寿命周期阶段的变化趋势进行销售预测的方法。一般来说,产品销量在萌芽期增长率不稳定,成长期增长率最高,成熟期增长率稳定,衰退期增长率为负数。

综上,销售数量的预测可以从多方面入手,企业可以先利用趋势分析法预测销售数量,再同主管或销售人员的判断数量进行比较,如有较大差异,再进行定性分析。

4. 销售收入预算的编制实例

实例

某公司上一年实际销售额(含税)为500万元,销售数量为7 000件,销售单价为500元;本年预计增长率为15%的可能性为40%,预计增长率为5%的可能性为30%,预计不增长的可能性为20%,预计增长率为–10%的可能性为10%。计算本年预计销售数额为多少。

解析:

年度预计销售收入=(15%×40%+5%×30%+0×20%–10%×

10%)×500+500

=6.5%×500+500=532.5(万元)

销售数量=5 325 000÷500=10 650(件)

其中,第一季度销售2 500件、第二季度销售2 750件、第三季度销售2 850件、第四季度销售2 550件,销售当季度收现60%,下一季度收完,编制销售收入预算。

解析:

第一季度收现=2 500×500×60%=750 000(元)

期末应收账款=1 250 000–750 000=500 000(元)

第二季度收现=2 750×500×60%+500 000=1 325 000(元)

期末应收账款=1 375 000–825 000=550 000（元）

第三季度收现=2 850×500×60%+550 000=1 405 000（元）

期末应收账款=1 425 000–855 000=570 000（元）

第四季度收现=2 550×500×60%+570 000=1 335 000（元）

期末应收账款=1 275 000–765 000=510 000（元）

应收账款周转率=（销售收入÷企业平均应收账款）×100%

＝（5 325 000÷510 000）×100%=10.44%

据此编制销售收入及应收账款预算汇总表，如下表所示。

销售收入及应收账款预算汇总表

项目	第一季度	第二季度	第三季度	第四季度	全年
销售数量（件）	2 500	2 750	2 850	2 550	10 650
销售单价（元）	500	500	500	500	500
销售收入（元）	1 250 000	1 375 000	1 425 000	1 275 000	5 325 000
本期销售收现（元）	750 000	825 000	855 000	765 000	3 195 000
期初应收账款（元）	0	500 000	550 000	570 000	0
本期收回的应收账款（元）	0	500 000	550 000	570 000	1 620 000
本期收现合计（元）	750 000	1 325 000	1 405 000	1 335 000	4 815 000
期末应收账款（元）	500 000	550 000	570 000	510 000	510 000

二、生产预算编制

（一）编制人员

生产预算的编制由生产部主导，销售、采购、工程技术、仓储、人力资源、会计等部门参与。

（二）注意问题

生产预算编制的注意事项，如表4-12所示。

表 4-12　编制生产预算的注意事项

序号	注意事项	内容
1	企业现有的产能水平	通过内部改造，企业现有的产能水平能否提升
2	员工政策	例如，员工的薪资水平会对工作效率产生怎样的影响
3	生产现场工艺水平	生产现场的工艺水平是否需要提升
4	库存政策	（1）库存是为大客户准备的，而不是为所有客户准备的，因为大客户需求量大，能够解决企业大部分销量问题 （2）库存是为畅销品准备的，而不是为销量小的产品准备的，很多企业认为销量小的产品经常生产会浪费生产成本，因此在库房中存放很多，实际上，这种做法反而会造成成本不断上升 （3）库存是为下期销售准备的，因此，预算当期库存要以下期销售为依据进行合理的政策假设

（三）生产预算的具体内容

生产预算的特点是，没有金额指标，只有数量指标，所以是企业整个预算过程中比较特殊的部分，需要关注。

1.产量预算

企业的生产预算分成四个季度，各季度的销量可以从销售预算表中得知，且第一季度的期初库存已知，由这两个数字就可以计算出各季度的期末库存和生产量，并由此计算全年的产量。

2.产值预算

产值等于产量乘以对应的生产成本。

三、采购预算编制

（一）编制人员

采购预算的编制由采购部门主导，生产、成本会计、工程技术部门参与。

（二）注意事项

编制采购预算的注意事项，如表4-13所示。

表 4-13 编制采购预算的注意事项

序号	注意事项	内容
1	物料清单的准确性和完整性	编制采购预算之前，企业要知道生产一定产品的直接材料需用量。每个产品都应有一个BOM表，即物料清单，企业可以根据BOM表计算出直接材料需用量。随着加工熟练程度的提高，对材料的消耗会越来越低，因此，企业应随时关注BOM表的准确性与完整性，并定期修正
2	生产消耗费问题	例如，头尾料变成了废料，企业要把这部分计算在内，采购预算才会准确
3	期末库存	产成品有期末库存，原材料也会有期末库存
4	供应商政策	供应商不同，原材料价格会不同，付款周期也会不同，因此，企业应考虑优化哪些供应商、增加哪些供应商
5	采购价格	采购价格决定采购金额，从而影响资金流出的金额。企业应考虑采购价格的合理性，如果不合理，则应考虑降低多少
6	付款政策	付款周期影响企业的现金流量，例如，大多数企业的负债都是信用负债，即应付账款，期限越长，现金周转的时间就越长
7	期末材料的库存	期末库存可以按照生产预算的原理编制

（三）采购预算的具体内容

1. 材料采购预算

企业编制材料采购预算时，首先可以利用BOM表算出材料需用量，第一季度的库存是已知的，可以计算得出期末库存，采购量＝期末库存＋本期需用量－期初库存。材料的采购单价已知，可以得出采购金额，进项税＝采购金额×适用的增值税率，采购金额和进项税相加可得出采购总金额。计算出第一季度的采购量和采购总金额之后，就可以推导出其他季度的数值及全年的数值。由此可编制材料采购预算表，如表4-14所示。

表 4-14 材料采购预算表

	项目	1季度	2季度	3季度	4季度	全年
材料A	单价（元）					
	数量（件）					
	金额（元）					

续表

项目		1季度	2季度	3季度	4季度	全年
材料B	单价（元）					
	数量（件）					
	金额（元）					
……	……					
合计						

2. 备品备件采购预算

备品备件采购预算是由采购部根据经审核后的备品备件需求计划，并结合库存状况制定的。备品备件采购预算表，如表4-15所示。

表4-15　备品备件采购预算表

项目		1季度	2季度	3季度	4季度	全年
轧辊	单价（元）					
	数量（件）					
	金额（元）					
导位	单价（元）					
	数量（件）					
	金额（元）					
……	……					
合计						

3. 采购费用预算

采购费用预算根据业务需要，采取零基预算方式进行编制。

4. 应付账款预算

企业向供应商采购商品，就要编制应付账款预算。通常而言，企业可以根据历史数据确定采购支付率，采购支付率＝付款总额÷采购金额，确定采购金额之后，付款总额即可算出。此外，还应支付上期的应付账款余额，上期应付账款余额加上期初的应付账款就是本期支付的总额。由此可编制应付账款预算表，如表4-16所示。

表 4-16　应付账款预算表

项目	1季度	2季度	3季度	4季度	全年
原材料采购（件）					
辅助材料采购（件）					
备品备件采购（件）					
采购资金合计（元）					
期初应付账款金额（元）					
上期采购本期付款数（元）					
本期采购本期付款数（元）					
现金支出合计（元）					

四、生产成本预算编制

（一）编制人员

直接材料预算的编制一般由生产部门主导，采购部、工程技术部、成本会计参与。直接人工预算编制由生产部主导，人力资源部和成本会计参与。制造费用预算的编制由生产部门主导，成本会计参与。

（二）生产成本的组成

一般来讲，产品的成本由三项组成，分别为料、工、费。料指原材料，工指员工工资，费指制造费用。在编制生产成本预算时，这三项内容各不相同，具体如表4-17所示。

表 4-17　生产成本的组成

序号	组成部分	说明
1	工（直接人工）	员工工资的计算比较容易。如果企业采用计件法，用员工生产产品的数量乘以每件产品的生产成本即可；如果企业采用计时法，就应首先确定产品的标准工时和员工在标准工时内的工作率
2	费（制造费用）	制造费用中有些费用比较容易计算，比如厂房的折旧、机器的折旧等，但是机物料的消耗、水电费的计算较难。老企业可以在定额的基础上将费用测算出来；刚刚成立的企业不能采用增量预算，要采用零基预算

续表

序号	组成部分	说明
3	料 （直接材料）	原材料成本的计算较难，因为实际计算的成本有可能与预算成本存在一定的偏差。计算原材料成本时一般都用倒挤法，就是用最后一次入库材料的价格乘以期末材料的库存得出期末材料的库存成本，期初、本期入库、本期期末库存都有了，本期的耗用也就可以计算了。倒挤法最大的问题是会把不正常的成本计算在内

料、工、费的预算做好了，企业的成本预算也就可以编制了。

（三）生产成本预算的具体内容

1. 直接材料预算

直接材料预算以生产预算为基础编制，列示预算内直接材料的数量和金额。也就是说，直接材料预算要根据生产需要量与预计采购量以及预计原材料存货进行编制，而预计采购量和预计原材料存货的情况要根据企业的生产组织特点、材料采购的方法和渠道进行统一的计划，目的是保证生产均衡有序地进行，避免直接材料存货不足或过多，影响资金运用效率和生产效率。预计直接材料的计算公式是：

$$\text{材料预计数量} = \text{预计生产量} \times \text{单位产品的材料需用量} + \text{预计期末存货} - \text{预计期初存货直接材料}$$

编制直接材料预算时，涉及的表格如表4-18、表4-19所示。

表4-18 ××产品直接材料A预算表

项目	1季度	2季度	3季度	4季度	全年
预计生产量（件） 产品单耗（元）					
预计生产需要量（件） 加：期末库存 减：期初库存					
预计需要量合计 材料计划单价（元）					
直接材料预算（元）					

表 4-19 直接材料汇总表

项目	1季度	2季度	3季度	4季度	全年
材料A数量（件）					
材料A单价（元）					
材料A金额（元）					
材料B数量（件）					
材料B单价（元）					
材料B金额（元）					
……					
材料金额合计（元）					
年初应付账款金额（元）					
上期采购本期付款数（元）					
本期采购本期付款数（元）					
现金支出合计（元）					

2.直接人工预算

直接人工预算也要以生产预算为基础进行编制，其基本计算公式为：

预计所需用的直接人工总工时＝预计产量×单位产品直接人工小时

表 4-20 为某产品的直接人工预算。

表 4-20 ××产品直接人工预算

项目	1季度	2季度	3季度	4季度	全年
预计生产量（件）					
单位产品直接人工（小时）					
需用直接人工（小时）					
每小时工资率					
直接人工成本（元）					

3.制造费用预算

制造费用是除直接材料和直接人工以外的，为生产产品而发生的间接费用。

制造费用项目不存在易于辨认的投入产出关系，其预算需要根据生产水平、管理者的意愿、企业长期生产能力、企业制度和国家的税收政策等外部因素进行编制。

考虑到制造费用的复杂性，为简化预算的编制，通常将制造费用分为变动性制造费用（通常包括动力、维修、间接材料、间接制造人工等费用，计算变动性制造费用的关键在于确认哪些是可变项目，并选择成本分配的基础）和固定性制造费用（通常包括厂房和机器设备的折旧、租金、财产税和一些车间的管理费用，它们支撑企业总体的生产经营能力，一旦形成，短期内不会改变）两大类，并采用不同的预算编制方法。

计算公式：

预计制造费用＝预计变动性制造费用＋预计固定性制造费用

＝预计业务量×预计变动性制造费用分配率＋预计固定性制造费用

表4-21为制造费用预算表。

表4-21 制造费用预算表

单位：元

项目		月份							年度预算	数据来源
		1月	2月	3月	4月	5月	……	12月		
固定性费用	折旧									
	工资									
	无形资产摊销									
变动性费用	劳保用品									
	物料消耗									
	货运费									
	检测费									
	差旅费									
	修理费									
	工具费									
	公共费用									
	取暖费									
	动力费（电费）									
	动力费（天然气）									
	低值易耗品摊销									
	福利费									
	办公费									
	其他费用									
总计										

五、运营成本预算编制

运营成本预算包括销售费用预算、财务费用预算和管理费用预算。销售费用预算由销售部编制,财务费用预算由财务部编制,管理费用预算由销售部和生产部以外的其他部门编制。

在编制运营成本预算时,企业应遵循一个原则:确认哪些费用是现金费用,哪些是非现金费用。

(一)销售费用预算

销售费用预算由销售部门根据目标利润增加或减少的比例确定,总体要小于行业平均销售费用率,具体方法如下:

(1)企业内部各部门根据企业的生产经营目标,详细讨论计划期内应该发生的费用项目,并对每一费用项目编写一套方案,明确费用开支的目的。

(2)销售费用预算分为变动销售费用预算和固定销售费用预算两部分。

① 变动销售费用一般包括销售佣金、运输费用、包装费用等,计算公式:变动销售费用=销售收入×预算比例。

② 固定销售费用包括约束性费用、标准化费用、选择性费用和项目费用,具体如图4-9所示。

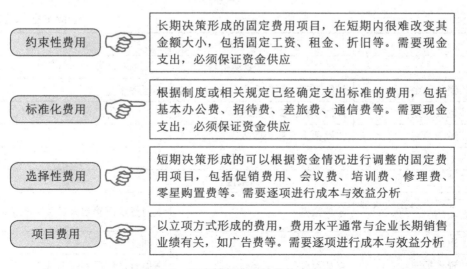

图4-9 固定销售费用的具体内容

(3）销售费用预算的编制方法。变动销售费用采用弹性预算法；约束性费用采用增量预算法；标准化费用采用标准法；选择性费用采用零基预算或增量预算法；项目费用根据项目明细和项目可行性分析编制预算。

(4）需要重点控制的销售费用，如图4-10所示。

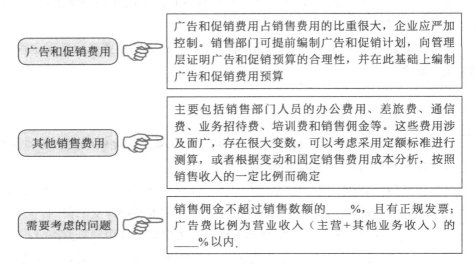

图 4-10 需要重点控制的销售费用

(5）编制销售费用预算表。销售费用预算表，如表4-22所示。

表 4-22 销售费用预算表

金额单位：万元

项目	预算方法/标准	备注
变动费用		
销售佣金	弹性预算：销售合同价 ×____%	小于等于____%
包装费用	弹性预算：销售收入 ×____%	
运杂费用	弹性预算：销售收入 ×____%	
固定费用		
约束性费用		
部门人员工资及福利费	零基预算	人力资源部确定人员及工资标准
租金	零基预算	合同
资产折旧	零基预算	根据资产情况和折旧标准

续表

项目	预算方法/标准	备注
标准化费用		
招待费	零基预算：销售收入×____%	按标准，总量控制
差旅费	增量预算：基期×（1+____%）	按标准，总量控制
通信费	增量预算：基期×（1+____%）	按标准，总量控制
基本办公费（含维修费用）	增量预算：基期×（1+____%）	固定资产折旧
选择性费用		
培训费用	零基预算	根据成本与效益分析，确定数额
会议费用	零基预算	根据成本与效益分析，确定数额
促销费用	零基预算	根据成本与效益分析，确定数额
项目性费用		
广告费	零基预算	可行性报告
合计	等于或小于目标销售费用	

（二）财务费用预算

财务费用预算是对企业在预算期内筹集生产经营所需资金等发生的费用所进行的预计。财务费用预算表，如表4-23所示。

表4-23 财务费用预算表

编制单位：　　　　预算期间：____年1月1日至____年12月31日　　金额单位：万元

序号	预算项目	预算科目	1月	2月	3月	……	12月	合计
1	存款利息收入	利息净支出						
2	外购银行承兑汇票利息收入	银票贴现净支出						
3	银行承兑汇票贴现支出	银票贴现净支出						
4	贷款利息支出	利息净支出						
5	拆借利息支出	利息净支出						
6	结算手续费	银行手续费						
7	担保费	担保费						
8	其他	其他						
	合计	—						

单位负责人：　　　　　　预算编制人：　　　　　　预算期间：

（三）管理费用预算

管理费用可视为固定费用，预算的编制应当采用零基预算的方法，即首先由各职能部门编制相关业务计划，然后根据费用列支标准测算各编制部门的预算，最后汇总编制企业的管理费用预算。

1. 编制管理费用预算时应注意的问题

（1）管理费用预算数额：根据目标利润确定增加或减少的比例，从而确定管理费用预算数额。

（2）一般情况下，管理费用中相对固定的费用均要有一定的降幅。如果固定费用部分增加，管理者应详细解释增加的原因。

（3）管理费用可以分为人员经费、业务支出和日常支出。管理费用占营业收入的比重越低，代表企业的费用控制能力越强，行政管理效率越高。

（4）重点管理费用项目的控制标准，如表4-24所示。

表4-24　重点管理费用项目的控制标准

序号	费用项目		控制标准
1	招待费		按实际发生额的____%且不高于销售收入的____‰报销，超出部分不许税前扣除。各业务部门的招待费应在各部门完成的业务收入的____‰之内支出，由部门经理掌握；行政职能部门的招待费按照企业分配下达的指标使用，由财务经理控制；分公司的招待费应在完成业务收入的____‰之内支出，由分公司经理掌握
2	差旅费	住宿	副经理以上人员的住宿标准为×元/天；业务主管为×元/天；业务员为×元/天；确因需要，住宿标准超过×元/天的，报财务总监批准后方可报销
		出差补助	按每天×元进行补助，时间为出差起止日期
		市内交通费用	标准为每天×元，按票据报销
		其他杂费	标准为每天×元，按票据报销
		车船票	按出差往返地点、里程，凭票据核准报销
3	会务费		需要地点、时间、人员、标准和会议内容等资料；没有标准，据实税前扣除

续表

序号	费用项目	控制标准
4	研发费用	销售收入在____万元以下，比例定为____%；销售收入为____万元～____亿元，比例定为____%；销售收入为____亿元以上，比例定为____%。另外技术开发费用所得税前扣除的数额为开发费用的____%
5	销售费用总预算	根据目标利润决定的增加或减少的比例来确定

2.管理费用预算的编制步骤

管理费用预算采用零基预算法编制，具体编制步骤如图4-11所示。

第一步：企业内部各部门根据企业的生产经营目标，详细讨论计划期内应该发生的管理费用项目，并对每一费用项目编写一套方案，提出费用开支的目的和需要开支的费用数额

第二步：固定管理费用分为约束性费用项目和酌量性费用项目。在编制预算时，约束性费用项目必须保证资金供应，酌量性费用项目则需要逐项进行成本与效益分析。约束性管理费用包括管理人员工资、社会保险费、基本办公费、资产折旧、房屋租金、财产保险费、应交税费等；酌量性管理费用包括差旅费、培训费、招待费、研发费用等

第三步：划分不可延缓费用项目和可延缓费用项目。在编制预算时，应将预算期内可供支配的资金数额在各费用之间进行分配，优先安排不可延缓费用项目的支出，然后再根据需要，按费用项目的轻重缓急确定可延缓项目的开支

图 4-11 管理费用预算的编制步骤

六、资本支出预算编制

资本预算包括内部投资、外部投资和投资收益预算，其中投资收益预算能影响企业的利润表，内部投资预算和外部投资预算能够影响资产负债表与现金预算。某企业的资本支出预算表，如表4-25所示。

表 4-25 某企业的资本支出预算表

单位:元

资本支出项目		去年实际	本年实际	购置部门	资产名称	用途说明	数量	明年预算	增减金额	增减比例	1月	……	12月
固定资产支出	房屋及建筑物							—					
								—					
								—					
	小计			／	／	／	／	—				—	
	机器、机械设备							—					
								—					
								—					
	小计			／	／	／	／	—				—	
	运输工具							—					
								—					
								—					
	小计			／	／	／	／	—				—	
	电子、办公设备							—					
								—					
								—					
	小计			／	／	／	／	—				—	
	合计	—	—	／	／	／	／						
无形资产支出	土地使用权							—					
								—					
	其他							—					
								—					
	合计			／	／	／	／					—	
工装模具支出								—					
								—					
								—					
合计				／	／	／	／		—				
对外投资支出								—					
								—					
								—					
合计				／	／	／	／		—				
总计		—	—	／	／	／	／		—				

七、现金预算编制

现金预算是反映企业在预算期内现金流转情况的预算,是全部经营活动中现金收支情况的汇总反映。

企业编制现金预算的目的有两个:第一,确认预算期的现金期末水平;第二,找到异常,提前解决问题。现金预算包括现金收入、现金支出、现金余缺三项内容。

现金收入包括预算期初现金余额和预算期内发生的现金收入,如销售收入、应收账款收回、票据贴现等。

现金支出包括预算期内发生的各项现金支出,如支付材料采购款、支付工资、支付制造费用、支付销售及管理费用、上缴税金、支付股利、资本性支出等。

现金余缺是预算期内每一期可动用现金数与现金支出数的差额,根据现金余缺情况可采用适当的融资方式来调节现金余缺。

某企业的现金预算表,如表4-26所示。

表 4-26 现金预算表

项目	1季度	2季度	3季度	4季度	全年
期初现金余额 加:现金收入					
可动用现金合计					
减:现金支出: 采购直接材料 支付直接人工 支付制造费用 支付销售及管理费 购置固定资产 缴纳税金 发放股利					
现金支出合计					
现金结余(短缺)					
借入现金 归还借款 支付利息					
期末现金余额					

八、预计报表编制

(一) 预计损益表

预计损益表反映了预算期内企业的经营成果。汇总后的税后净收益可以与目标利润相比较,如有差距,应进行单一项目或综合性调整,以争取达到或超过目标利润。

预计损益表主要依据销售预算、制造费用预算、单位生产成本预算、期末存货预算、销售及管理费用预算、有关的专门决策预算和现金预算编制。

预计损益表如表4-27所示。

表4-27 预算损益表

编制单位:××公司　　　　　　××年度　　　　　　　　单位:元

项目	行次	预算年金额
一、营业收入	1	
减:营业成本	2	
营业税费	3	
销售费用	4	
管理费用	5	
财务费用(收益以"-"号填列)	6	
资产减值损失	7	
加:公允价值变动净收益(净损失以"-"号填列)	8	
投资净收益(净损失以"-"号填列)	9	
二、营业利润(亏损以"-"号填列)	10	
加:营业外收入	11	
减:营业外支出	12	
其中:非流动资产处置净损失(净收益以"-"号填列)	13	
三、利润总额(亏损总额以"-"号填列)	14	
减:所得税	15	
四、净利润(净亏损以"-"号填列)	16	
五、每股收益:	17	
(一)基本每股收益	18	
(二)稀释每股收益	19	

制表人:

（二）预计资产负债表

由于预计资产负债表的编制较为困难，对实际工作的指导意义不大，根据成本效益原则，建议企业可以根据实际情况进行预计资产负债表的编制。预计资产负债表，如表4-28所示。

表4-28 预计资产负债表

编制单位： 　　年　月　日　　　　　　　　　　　　　　　　　单位：元

资产	行数	年初数	预计年末数	负债及所有者权益	行数	年初数	预计年末数
流动资产：				流动负债：			
货币资金	1			短期借款	29		
短期投资	2			应付票据	30		
应收票据	3			应付账款	31		
应收账款	4			预收账款	32		
减：坏账准备	5			其他应付款	33		
应收账款净额	6			应付工资	34		
预付账款	7			应付福利费	35		
其他应收款	8			未交税金	36		
存货	9			未付利润	37		
产成品	10			其他未交款	38		
待摊费用	11			预提费用	39		
待处理流动资产净损失	12			一年内到期的长期负债	40		
一年内到期的长期债券投资	13			其他流动负债	41		
其他流动资产	14			流动负债合计	42		
流动资产合计	15			长期负债：			
长期投资：				长期借款	43		
长期投资	16			应付债券	44		
固定资产：				长期应付款	45		
固定资产原价	17			其他长期负债	46		
减：累计折旧	18			长期负债合计	47		
固定资产净值	19			所有者权益：			

续表

资产	行数	年初数	预计年末数	负债及所有者权益	行数	年初数	预计年末数
固定资产清理	20			实收资本	48		
固定资产购建支出	21			资本公积	49		
待处理固定资产净损失	22			盈余公积	50		
固定资产合计	23			未分配利润	51		
无形资产及递延资产：				所有者权益合计	52		
无形资产	24						
递延资产	25						
无形及递延资产合计	26						
其他资产：							
其他长期资产	27						
资产总计	28			负债及所有者权益总计	53		

（三）预计现金流量表

预计现金流量表是按照现金流量表的主要项目内容和格式编制的反映企业预算期内一切现金收支及其结果的预算。它以业务预算、资本预算和筹资预算为基础，是其他有关现金预算的汇总。预计现金流量表，如表4-29所示。

表4-29　预计现金流量表

编制单位：××公司　　　　　　　　××年度　　　　　　　　　　单位：元

项　　目	行次	预算年度金额
一、经营活动产生的现金流量：	1	
销售商品、提供劳务收到的现金	2	
收到的税费返还	3	
收到其他与经营活动有关的现金	4	
经营活动现金流入小计	5	
购买商品、接受劳务支付的现金	6	
支付给职工以及为职工支付的现金	7	
支付的各项税费	8	
支付其他与经营活动有关的现金	9	

续表

项　　目	行次	预算年度金额
经营活动现金流出小计	10	
经营活动产生的现金流量净额	11	
二、投资活动产生的现金流量：	12	
收回投资收到的现金	13	
取得投资收益收到的现金	14	
处置固定资产、无形资产和其他长期资产收回的现金净额	15	
处置子公司及其他营业单位收到的现金净额	16	
收到其他与投资活动有关的现金	17	
投资活动现金流入小计	18	
购建固定资产、无形资产和其他长期资产支付的现金	19	
投资支付的现金	20	
取得子公司及其他营业单位支付的现金净额	21	
支付其他与投资活动有关的现金	22	
投资活动现金流出小计	23	
投资活动产生的现金流量净额	24	
三、筹资活动产生的现金流量：	25	
吸收投资收到的现金	26	
取得借款收到的现金	27	
收到其他与筹资活动有关的现金	28	
筹资活动现金流入小计	29	
偿还债务支付的现金	30	
分配股利、利润或偿付利息支付的现金	31	
支付其他与筹资活动有关的现金	32	
筹资活动现金流出小计	33	
筹资活动产生的现金流量净额	34	
四、汇率变动对现金的影响	35	
五、现金及现金等价物净增加额	36	
期初现金及现金等价物余额	37	
期末现金及现金等价物余额	38	

续表

项　　目	行次	预算年度金额
补充资料		
1. 将净利润调节为经营活动现金流量：	39	
净利润	40	
加：资产减值准备	41	
固定资产折旧、油气资产折耗、生产性生物资产折旧	42	
无形资产摊销	43	
长期待摊费用摊销	44	
处置固定资产、无形资产和其他长期资产的损失（收益以"-"号填列）	45	
固定资产报废损失（收益以"-"号填列）	46	
公允价值变动损失（收益以"-"号填列）	47	
财务费用（收益以"-"号填列）	48	
投资损失（收益以"-"号填列）	49	
递延所得税资产减少（增加以"-"号填列）	50	
递延所得税负债增加（减少以"-"号填列）	51	
存货的减少（增加以"-"号填列）	52	
经营性应收项目的减少（增加以"-"号填列）	53	
经营性应付项目的增加（减少以"-"号填列）	54	
其他	55	
经营活动产生的现金流量净额	56	
2. 不涉及现金收支的重大投资和筹资活动：	57	
债务转为资本	58	
一年内到期的可转换公司债券	59	
3. 现金及现金等价物净变动情况：	60	
现金的期末余额	61	
减：现金的期初余额	62	
加：现金等价物的期末余额	63	
减：现金等价物的期初余额	64	
现金及现金等价物净增加额	65	

制表人：　　　　　　　　　　　　　　　责任人：

第四节　全面预算的执行与考核

一、预算的实施

全面预算方案一经批准下达，各预算单位必须认真组织实施，严格执行。同时，为了更好地执行全面预算，各预算单位必须将本部门预算指标分解到内部各单位、各环节和各工作岗位，形成全方位的预算执行责任体系，确保预算目标的完成。

各预算单位应当将全面预算作为预算期内全部业务活动的基本依据，将年度预算细分为季度和月度预算，以分期预算控制确保年度预算目标的实现。

企业应当强化现金流的预算管理，按时组织预算资金的收入，严格控制预算资金的支付，以保证企业有足够的资金用于必须的支付项目。对于预算内的资金拨付，必须按照授权审批程序执行；对于预算外的项目支出，应当经过特殊的审批程序，具体办法见企业内部控制体系相关文件；对于无合同、无凭证、无手续的项目支出，不予支付。

二、预算执行情况报告制度

各预算执行单位要定期报告财务预算执行情况，随时向预算管理工作组和预算管理委员会反映预算执行中发生的新问题，并查找形成原因，提出改进措施和建议。

（一）建立责任会计体系

为了便于预算执行结果的统计与考核，企业财务部门在进行正常的会计核算之外，还必须进行责任会计记录。

责任成本采取双轨制核算，责任会计的原始凭证与会计核算凭证共用，责任会计核算时仅记录凭证号。

（二）建立预算报告体系

各预算执行单位可按月度、季度和年度分别反馈成本预算、费用预算、利润预算的执行情况。某企业的各具体报表，分别如表4-30、表4-31和表4-32所示。

表4-30　成本预算执行反馈月（季、年）报表

部门：　　　　　　　　　　　　　____年___月___日　　　　金额单位：万元

项目		本期预算	本期发生额	预算差异	本季累计额	本年累计额
可控成本						
变动成本	直接材料					
	直接人工					
	变动制造费用					
	其他制造费用					
固定成本	固定制造费用					
	其他固定成本					
不可控成本						
成本合计						

表4-31　费用预算执行反馈月（季、年）报表

部门：　　　　　　　　　　　　　_____年___月___日　　　　金额单位：万元

费用项目	本期预算	本期实际	差异额	预算完成率	备注
工资					
福利费					
办公费					
水电费					
差旅费					
业务招待费					
修理费					
……					
合计					

表 4-32　利润预算执行反馈月（季、年）报表

编报部门：　　　　　　　　　　_____年___月___日　　　　　　金额单位：万元

项目	本期预算	本期实际	差异额	预算完成率	备注
销售净额					
变动成本：					
变动生产成本					
变动销售费用					
变动成本合计					
贡献毛益					
固定成本：					
酌量性固定成本					
约束性固定成本					
固定成本合计					
营业利润					
资产平均占用额					
资产周转率					
销售利润率					
投资报酬率					

　　企业财务部门每月/季度/年度向预算管理组织报送各职能部门的预算执行情况，预算工作组汇总上述资料和报表，编制企业全面预算执行情况报表，上报总经理办公会审批。

　　公司每月召开预算工作组会议，讨论预算执行中发生的问题，并查找问题形成的原因，提出改进的措施和建议。

三、预算监控体系

（一）建立预算监控体系

　　预算工作组应对企业及各部门的预算执行情况进行监控。

　　同时，企业内部审计部门应定期或不定期地对企业和各部门上报的预算执行报表的真实性和准确性进行审计，并就审计中发现的问题提出处理意见，上报预算管理委员会。

　　监控分事前监控与事中监控。

1.事前监控的项目与监控部门

事前监控指在业务活动未发生之前,业务执行人需要根据企业的管理制度和年度经营预算提交业务申请,由上级领导及其所在部门进行审批和审核的过程。事前监控的项目与监控部门,具体如表4-33所示。

表4-33 事前监控的项目与监控部门

监控部门	监控项目
营销部	产品价格、回款政策
人力资源部	人力需求、人力成本
质量管理部	制成检验合格率、来料检验合格率、安装检验合格率、新产品开发质量
财务部	资金支出、投融资业务、采购价格
生产部	工艺标准与工艺定额

2.事中监控的项目与监控部门

事中监控指在业务执行过程中,监控部门以企业的管理制度与年度经营预算为标准,对业务执行情况进行的对比分析。事中监控的项目与监控部门,具体如表4-34所示。

表4-34 事中监控的项目与监控部门

监控部门	监控项目
营销部	销量、产品价格、产品销售结构、部门费用、销售增长率、新产品市场份额、应收账款占销售收入比率、产成品占用资金
生产部	材料消耗定额、部门费用、人均产出、制成检验合格率、材料库存资金占用、产品平均交货期、呆滞材料降低率
采购部	采购资金占用额、采购价格、外协加工费、应付账款占存货金额比例、来料检验合格率
研发部	新产品数量、新技术数量、部门费用
人力资源部	人力需求与人力成本
财务部	净资产收益率、销售净利率、总资产周转率、权益乘数、营运资金占流动资产比率、资产负债率、收现率、应收账款占销售收入比例、应付账款占存货金额比例、销售费用占收入比率、管理费用定额
其他部门	部门费用、非生产材料占用资金

（二）预算外与超预算事项的处理

1.预算外事项的处理程序

预算外事项是在期初预算方案中没有预计，而现在即将发生的业务活动。

所有预算外事项都需要经过预算管理委员会审批后才能决定是否执行。预算外事项的处理程序，如图4-12所示。

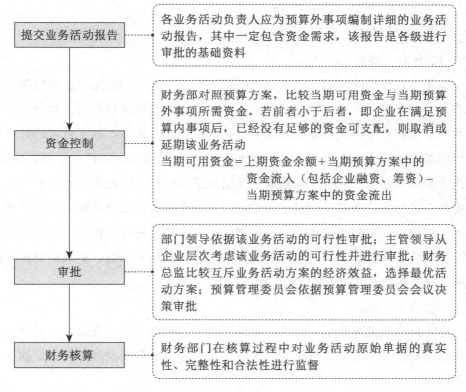

图4-12　预算外事项的处理程序

2.超预算事项的内容

超预算事项是指在实际业务活动中，那些在期初编制预算方案时已经考虑到，但实际发生数超出期初预算额度的事项。

为了保障业务的正常开展，对于那些由于企业生产经营规模扩大而出现的新业务，可对已有预算指标进行追加。根据追加预算的项目性质和金额，可将超预算事项划分为以下三类：
（1）部门领导审批通过就可追加的预算。
（2）主管领导审批通过且财务负责人审核后才可追加的预算。
（3）需要预算管理委员会审批通过才可追加的预算。
上述三类超预算情形的具体内容要根据企业实际确定。

（三）进行预算分析

1.预算分析方法

（1）比较分析法

将某特定监控内容与比较标准进行横向对比，确定不同期间的差异额或差异率，以分析监控内容的变动情况和变动趋势。比较标准可以是预算数据、历史数据、预测数据或其他企业的数据。在进行比较分析时，除了可以研究单个项目的趋势，还可以分析特定项目之间的关系，以揭示出隐藏的问题。比如，如果发现销售增长了10%，销售成本却增长了14%时，就说明成本比收入增长得更快，这与我们通常的假设是相悖的。我们通常假设在产品和原材料价格不变时，销售收入和销售成本会同比例增长。出现这种差异一般有三种可能：一是产品价格下降，二是原材料价格上升，三是生产效率降低。要确定具体的原因就需借助其他方法和资料作进一步的分析。

（2）趋势分析法

趋势分析法又称水平分析法，这种方法通过对比两期或连续数期财务报告中相同指标的变动方向、数额和幅度，来说明企业财务状况或经营成果的变动趋势。

（3）因素分析法

因素分析法是依据分析指标与其影响因素的关系，从数量上确定各因素对分析指标影响方向和影响程度的一种方法。因素分析法有两种，具体如图4-13所示。

2.预算分析程序

预算分析程序，如图4-14所示。

连环替代法：将分析指标分解为可以计量的因素，并根据各个因素之间的依存关系，顺次用各因素的比较值（通常为实际值）替代基准值（通常为标准值或计划值），据以测定各因素对分析指标的影响

差额分析法：是连环替代法的一种简化形式，其利用各个因素的比较值与基准值之间的差额来计算各因素对分析指标的影响

图 4-13　因素分析法

信息收集：在预算的执行过程中，由预算执行委员会（财务部）和业务部门根据差异分解标准的要求进行信息收集工作。收集的信息包括：
（1）预算执行过程中的财务信息
（2）重要的外部市场信息，如价格、行业领先者销量
（3）企业内部的非财务信息

基础分析：基础分析是各业务基础单位对预算执行情况的分析，主要侧重于结合具体业务的发生事项进行预算差异说明。通常，各部门在每月10日之前召开本部门预算执行情况分析会议，并将预算执行情况分析报告上报预算执行委员会（财务部）

综合分析：综合分析指预算执行委员会（财务部）在对各基础单位的预算分析进行梳理之后，结合企业内外环境因素，分析企业预算执行差异的各种主客观因素。预算执行委员会通常在每月13日前完成综合分析，并召开预算执行分析会议，所有预算单位必须参加。会议主要由各预算单位对本部门预算执行情况分析报告中的重大差异和特殊事项进行解释说明，并陈述改善措施

分析报告：
（1）预算执行进度分析：通过与预算计划中行动方案所规定的时间对比，确认目前企业或部门各项工作的完成情况
（2）预算执行结果分析：通过实际数据与预算数据的对比，总结企业或部门工作所取得的成绩和存在的问题
（3）分析与调整建议：针对进度分析和结果分析中所列示的重大差异，向预算管理委员会说明原因和拟采取的行动方案。如果产生差异的原因符合预算调整的条件，可申请调整预算

图 4-14　预算分析的程序

四、预算调整

预算调整是指当企业内外部环境发生变化，预算出现较大偏差，原有预算不再适宜时所进行的预算修改。

（一）预算调整原因

一方面，在预算执行过程中，由于主、客观因素的变化，尤其是当外部环境发生重大变化或企业战略发生重大调整的时候，预算调整是协调企业资源使用与企业行动目标保持一致的必不可少的环节。但另一方面，预算调整又必须是一个规范的过程，需要建立严格规范的管理制度。只有规范预算调整制度并严格执行，企业才能实现预算调整的真正目的。

企业内外部环境发生哪些变化，并且该变化对企业带来多大影响的时候才需要进行预算调整？这是各个企业在建立预算调整管理制度时必须考虑的问题。因此，企业必须对预算调整驱动因素进行清晰的区分和定义，并且对这些驱动因素对企业的影响进行界定，明确在哪些情况下可以考虑进行预算调整，以规范预算调整行为。对于不同行业、不同规模的企业，预算调整的条件是不同的。企业需要参考行业经验、公司历史情况，并结合企业内部不同管理岗位的审批权限予以确定。

具体而言，预算调整的驱动因素大致有以下几种：

（1）国家政策和规定发生重大变化。
（2）企业组织变革。
（3）企业外部环境和市场需求环境发生重大变化。
（4）企业经营范围和业务种类发生重大变化。
（5）企业内部运营资源发生变化。
（6）资源临时增补或调整。

（二）预算调整程序

一般情况下，预算调整需要经过申请、审议和批准三个主要程序。

1.预算调整的申请

如果需要调整预算，首先应由预算执行人或编制人员提出申请。调整申请应说明调整的理由、调整的初步方案、调整前后的预算指标对比以及调整后预算的负责人与执行人等情况。

2. 预算调整的审议

通常由财务部门或预算工作组负责对提出的调整申请进行审议，并提出审议意见。审议意见应说明审议的参与人和审议过程，以及对申请同意、反对或补充修改等内容。

3. 预算调整的批准

经审议后的预算调整申请即可报送有关部门批准。批准人应在审阅相关资料后，提出同意或不同意调整的书面意见，包括否定的原因或补充意见等，然后下发给申请人遵照执行。

由于预算调整牵涉面较广，对企业内部各部门都有可能产生影响，通常建议将预算调整，特别是将重大预算调整的审批权限交于预算委员会。若企业没有专设预算委员会，则应由企业最高权力机构负责审批。

（三）预算调整方法

预算调整的方法为滚动预算。在编制预算时，先将年度分解为季度，并将其中第一季度按月划分，建立各月的明细预算，以便监督预算的执行。在第一季度末对第二季度的预算进行调整，然后将第二季度的预算数按月细分，依此类推，具体过程如图4-15所示。

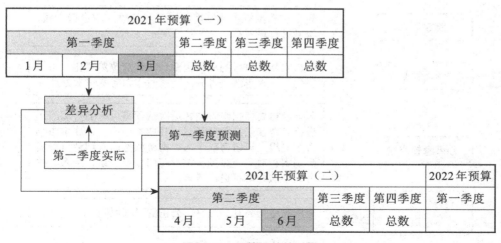

图4-15 预算调整的过程

（四）例外事项

对预算执行中出现的各种突发事件、不正常事项应按照例外管理原则调整，此时的预算调整是预算外调整，其调整程序与预算编制程序相同。

五、预算考核

预算考核是发挥预算约束与激励作用的必要措施，它通过预算目标的细化分解和激励措施的付诸实施，达到引导企业每一位员工向企业战略目标方向努力的效果。

预算考核的目的是对上一考核周期各部门的预算目标完成情况进行考核，及时发现和解决潜在问题，确保预算的完成，或者必要时修正预算，以适应外部环境的变化。

（一）预算考核的原则

预算考核的原则，如图4-16所示。

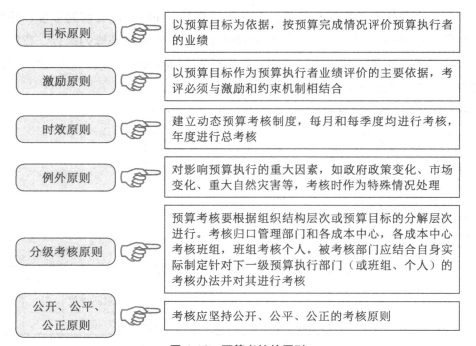

图 4-16　预算考核的原则

（二）预算考核的程序

预算考核一般一年两次。半年度考核一般以报表考核为主，对没有按时间进度完成计划任务的部门要重点分析，确属由于政策变化或非人为控制的因素导致部门无法按进度完成任务的，要调整计划。年终考核一般规模大、时间长，管理者应十分重视。年度预算考核一般分以下几个步骤进行：

1. 成立考核机构

企业通常由审计、财务、人力资源等部门联合组成考核组，审计部门是牵头人。三个部门的考核分工为：审计部门考核财务指标完成情况，财务部门考核财务基础管理工作，人力资源部门考核工资和奖金等消费性基金支出情况。

2. 下发考核通知

考核组成立后，以企业名义下发考核通知。通知中应包括考核时间、考核要求、需提供的资料和考核人员的分工等内容。

3. 考核重点

考核人员将考核重点放在以下方面：

（1）资产质量检查。如，对超过一年未收回的经营性债权，按其金额全额扣除考核利润；确认无效益的投资全额扣除利润；超过半年的存货（房地产公司除外）全额扣除利润。

（2）费用支出检查。检查交际费、差旅费、通信费等经常性费用是否超支。

（3）消费性基金检查。检查工资、奖金、福利等消费性支出是否在控制范围内。

4. 考核的注意事项

在上述检查考核中，当存在以下情况时，必须对具体情况进行具体分析后再执行考核：

（1）因执行企业年度经营计划而使被考核单位收入减少或支出增加的。

（2）总部政策发生变化，与预算口径不可比的。

（3）国家或政府政策发生重大变化，导致被考核单位收入减少或支出增加的。

（4）市场发生的重大变化非被考核单位可以控制的，如上游产品的材料价格上涨，导致中下游产品成本上升、利润下降，且超过了预算范围的。

（5）发生人力不可抗拒的情况，如洪水、地震导致企业停产、半停产等。

被考核单位发生上述情况，在经营过程中应及时书面报告，得到相关部门确认。在考核时，要提供充分依据，经考核人员确认后，可以改变考核分值。现场考核结束后，考核结果由各单位签字确认。

第五节　全面预算管理沟通计划

一、实施沟通的目的

沟通计划的有效实施能够使员工对企业内外部信息达到先认知、再达成共识、最后视为己任的效果，从而主动参与决策并积极实施决策。

二、沟通成功的关键因素

成功的沟通需要良好的管理，并辅助以内容具体、明确的沟通计划。成功沟通的关键因素包括沟通对象、沟通内容、沟通渠道和沟通频率。

（一）沟通对象：哪些是需要得到信息的人

根据不同的沟通内容和沟通目的，选择最有效的沟通对象。

（二）沟通内容：需要怎样的信息

沟通的内容与传达的信息应该是多层面、多角度的，并且能够正确反映现状。在沟通过程中，需要考虑人们的接受习惯，传递的信息应由粗到细，信息量逐渐增加。

（三）沟通渠道：怎样传播这些信息

（1）在组织中建立起沟通渠道，并确保这些渠道的双向性与畅通性，使员工能够有效地表达个人想法，提出建议。

（2）建立并使用口头、书面、电子等多种沟通方式，使员工能够从不同渠道获得所需信息，进而了解企业的各项活动并给予持续支持。

（3）根据不同沟通对象的特点，选择不同的沟通渠道。

（四）沟通频率：何时需要这些信息

根据沟通内容的特征和重要程度，选择进行常规性、经常性与即时性的沟通频率组合。

三、预算管理沟通计划的主要内容

沟通工作是企业全面预算管理工作中的重要组成部分。在全面预算管理工作过程中，有效的沟通将有助于企业在预算管理工作中形成全面系统的横纵向沟通机制，有助于员工积极参与公司的预算管理工作，由此推动各项预算工作的顺利开展。

沟通计划将主要对战略沟通、全面预算管理理念与制度以及预算启动、编制、下达与执行的过程进行沟通。

1. 战略沟通的目标

对战略进行沟通的目标在于帮助企业全体员工了解、接受企业的战略目标，使其在编制部门经营计划和预算时，能够系统地考虑如何通过工作计划和预算来进行资源的有效配置，以实现企业战略。

2. 全面预算管理理念与制度的沟通目标

对全面预算管理理念与制度进行沟通的目标在于帮助企业员工准确了解全面预算管理在企业经营中的作用、重要性及其与其他职能之间的联系，消除现有一些阻碍全面预算管理工作的错误观点，并且通过全面预算管理制度培训，明确各部门和岗位在全面预算管理中的职责，更有效地进行全面预算管理工作。

3. 预算启动、编制、下达与执行过程的沟通目标

对预算启动、编制、下达与执行过程进行沟通的目标在于能与相关部门就经营目标的设定过程、预算数额审批结果、某些预算数额调整的原因进行及时、双向的交流，并获得他们的接受和承认，这样做有利于预算下达后的执行，可避免员工因不理解预算额的确定过程而在执行过程中产生不良情绪，从而影响工作的进行。

第五章

MBO 目标管理

引言：

　　MBO是英文Management by Objective的简写，中文意思是目标管理，是以目标的设置和分解、目标的实施及完成情况的检查、奖惩为手段，通过员工的自我管理来实现企业经营目的的一种管理方法。目标管理也被称为"成果管理"，也有人将之称为责任制。

第一节　MBO目标管理概述

目标管理的概念是美国管理大师彼得·德鲁克（Peter Drucker）于1954年在其著作《管理的实践》中最先提出的，其后他又提出"目标管理和自我控制"的主张。德鲁克认为，并不是有了工作才有目标，而是有了目标才能确定每个人的工作。"企业的使命和任务，必须转化为目标"，如果一个领域没有目标，这个领域的工作必然被忽视。因此，管理者应该通过目标对下级进行管理，当组织最高层管理者确定了组织目标后，必须对其进行有效分解，转变成各个部门以及个人的分目标，然后根据分目标的完成情况对下级进行考核、评价和奖惩。

一、德鲁克目标管理基本思想

（1）企业的任务必须转化为目标，企业管理人员必须通过这些目标对下级进行领导，并以此来保证企业总目标的实现。

（2）目标管理是一种程序，能使一个组织中的上下各级管理人员协同起来制定共同的目标，确定彼此的成果责任，并以此项责任作为指导业务和衡量各自贡献的准则。

（3）每个企业管理人员或员工的分目标就是企业总目标对他们的要求，同时也是这个企业管理人员或员工对企业总目标的贡献。

（4）管理人员和员工靠目标来管理，是以所要达到的目标为依据，进行自我管理、自我控制，而不是由他的上级来指挥和控制。

（5）企业管理人员对下级进行考核和奖惩的依据也是这些分目标。

二、目标管理三个基本原则

（一）SMART原则

目标管理应遵循SMART原则，具体如图5-1所示。

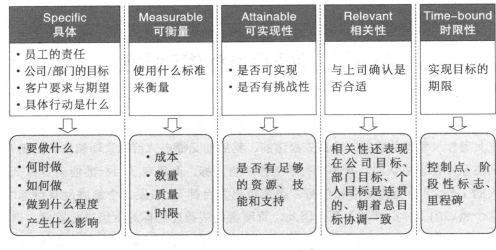

图 5-1　SMART 原则

（二）方向统一原则

方向统一原则即由总目标分解成各子目标过程中，必须确保各目标的一致性，如图 5-2 所示。

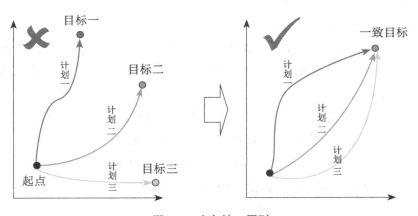

图 5-2　方向统一原则

（三）进度统一原则

进度统一原则即各分解目标是紧密相关的，必须过程同步，一步步靠近总目标，如图 5-3 所示。

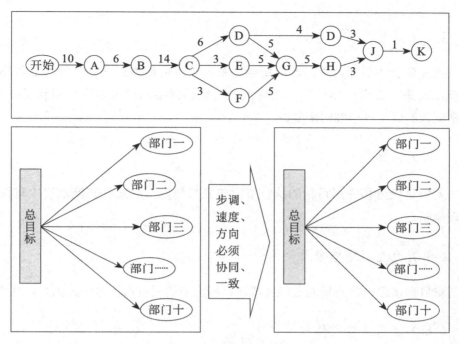

图 5-3 进度统一原则

三、目标管理的基本程序

目标管理的工作流程包括五个程序，如图5-4所示。

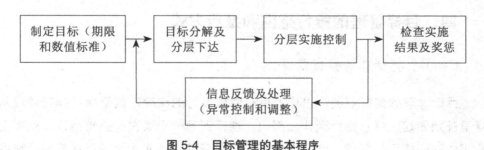

图 5-4 目标管理的基本程序

（一）制定目标

制定目标包括制定企业的总目标、部门目标和个人目标，同时要制定完成目标的标准，以及达到目标的方法和完成这些目标所需要的条件等多方面的内容。

（二）目标分解

建立企业的目标网络，形成目标体系，通过目标体系把各个部门的目标信息显示出来，就像地图一样，任何人一看目标网络图就知道工作目标是什么，遇到问题时需要哪个部门来支持。

（三）目标实施

要经常检查和控制目标的执行情况与完成情况，确定在实施过程中有没有出现偏差。

（四）检查实施结果及奖惩

对目标按照制定的标准进行考核，目标完成的质量可以与个人的升迁挂钩。

（五）信息反馈及处理

在考核之前，还要注意一个很重要的问题，即在对目标实施控制的过程中，会出现一些不可预测的问题。如：目标是年初制定的，年尾发生了金融危机，那么年初制定的目标就不可能实现。因此在实行考核时，要根据实际情况对目标进行调整和反馈。

四、目标管理的推行范围和推行方式

（一）目标管理的推行范围

目标管理的推行范围，也称为目标管理推行的深度，就是指目标管理应从哪里开始做起，将它推行到什么部门，推行到哪一个层次？换句话说，就是企业哪些部门搞目标管理，哪些部门不搞目标管理；哪些人执行目标管理，哪些人不执行目标管理。

（二）目标管理的推行方式

目标管理的推行方式有两种，如图5-5所示。

渐进式	急进式
就是先将目标管理推行到企业的一部分部门和人员,再通过他们的示范和经验,逐渐推广到整个企业和所有人员	在推行目标管理之初,一次性覆盖所有部门和人员,把所有部门和所有员工都纳入到目标管理的范围和对象中来

图 5-5　目标管理的推行方式

第二节　目标体系的建立步骤

一、目标体系的结构

管理企业应遵循的一个原则是：每项工作必须为达到总目标而展开。在目标管理法中,目标的设定开始于企业的高层管理者,由他们提出企业的使命和战略目标,然后通过部门层次向下传递,直至各位员工。

(一)目标的层次

(1) 根据管理层级的不同,目标可以分为四个层次,如图5-6所示。

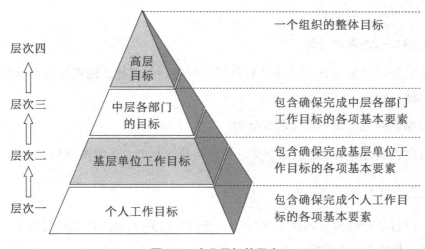

图 5-6　企业目标的层次

企业各管理层在相应目标上的关系，如图5-7所示。

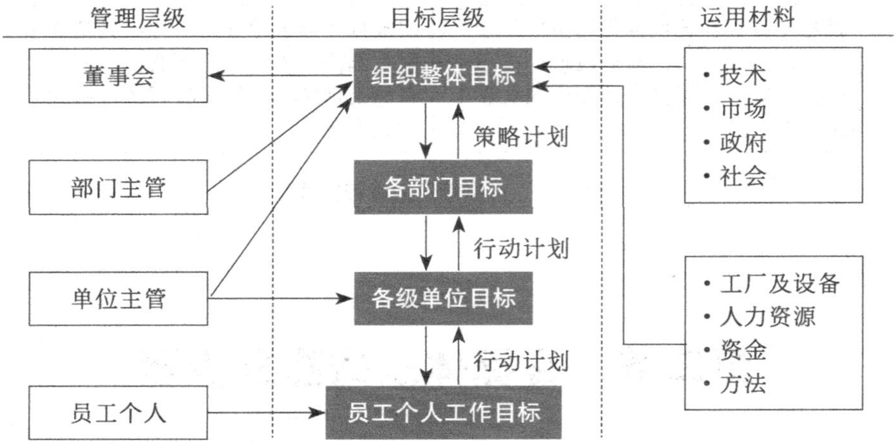

图 5-7　管理层次划分与各级目标的关系

（2）另外，组织目标还可以被简化和概括为以下三个层次：

① 环境层——社会加于组织的目标，即为社会提供优质的产品和服务，并创造出尽可能多的价值。

② 组织层——作为一个利益共同体和一个系统的整体目标，如提高经济效益、增强自我改造和发展的能力、改善员工生活、保障员工的劳动安全。

③ 个人层——组织成员的目标，如经济收入、兴趣爱好等。

（二）目标的分类

1.根据动态因素分类

企业整体目标可分为长期计划目标、中期计划目标、短期计划目标和执行目标四种。

2.根据组织目标的等级层次分类

根据组织目标的等级层次分类，目标可分为七类，具体如图5-8所示。

（三）目标的分解

进行目标管理需要将组织的整体目标层层分解下去，直到基层员工。分解的步骤，具体如图5-9所示。

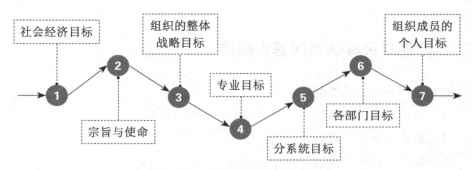

图 5-8　组织目标的等级层次

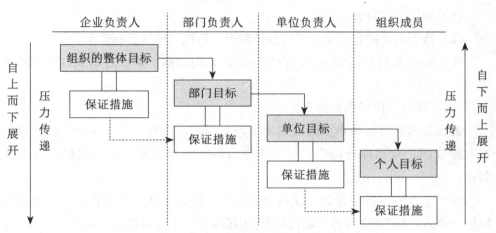

图 5-9　目标的分解步骤

（四）目标的整合

目标整合模型，如图 5-10 所示。

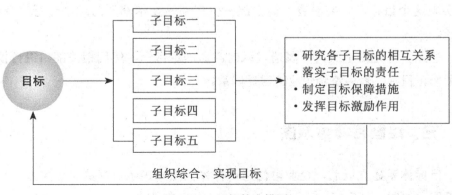

图 5-10　目标整合模型

二、建立目标体系的基本程序

建立目标体系的基本程序如下：
（1）制定企业的总目标。
（2）制定直线部门目标。
（3）制定职能部门目标。
（4）制定单位目标。
（5）制定个人目标。
（6）整合企业的总目标、单位目标和个人目标，形成目标体系。

在整合企业的目标体系时，通常可以从纵向和横向两个方向来进行，具体如下：

（1）"纵向"目标体系的整合

企业整体的目标体系首先必须由上而下制定，形成一个"纵向"的目标体系，即按照企业目标→部门目标→单位目标→小组目标→个人目标的顺序来制定。

每一个人的目标都是为了完成上级目标，所以，这个关系变成"企业组织目标→个人目标""总目标→分目标""上级目标→下属目标"。

（2）"横向"目标体系的整合

要发挥"1+1＞2"的效果，就必须将企业全部资源整合成一个整体，部门之间要互相支援与配合，并且加强沟通与协调。因此，企业整体目标的实现需要通过"横向"沟通。例如，销售部提出"上半年交货延迟错误不超过1次"，要实现这个目标，就要沿着"销售部→生产部→技术部"的顺序进行"横向"沟通。

总之，首先由上级与下属通过纵向沟通确定目标，然后相关部门进行横向沟通修正目标，最后整合企业的目标体系。

三、绘制目标体系图

目标体系建立以后，企业可使用目标体系图来表示目标的层级关系。目标体系图，如图5-11所示。

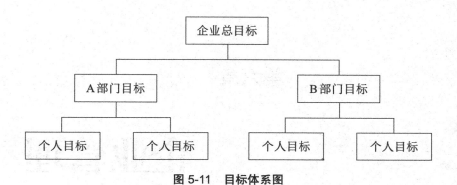

图 5-11　目标体系图

第六章

企业管理体系

引言：

管理体系（Management system），是组织用来建立方针、目标以及实现这些目标的相互关联和相互作用的一组要素。一个组织的管理体系可包括若干个不同的管理体系，如质量管理体系ISO 9001、环境管理体系ISO 14001、职业健康和安全管理体系ISO 45001、信息安全管理体系BS 7799/ISO 27001等，这也是企业组织制度和企业管理制度的总称。

第一节　质量管理体系ISO 9001

一、何谓ISO

"ISO"即"International Organization for Standardization",中文为"国际标准化组织"。ISO 9000则是国际标准化组织制定的关于质量管理的系列标准。实施该系列标准,就是要建立一个文件化的质量管理体系,使企业的各项工作走上标准化、程序化、法制化的轨道,可解决企业职责不清、推诿扯皮、制度缺乏、有法不依等一系列难题。

ISO为一个非政府的国际科技组织,是世界上最大的、最具权威的国际标准制定、修订组织,它成立于1947年2月23日。ISO的最高权力机构是每年一次的"全体大会",其日常办事机构是中央秘书处,设在瑞士的日内瓦。ISO宣称它的宗旨是"发展国际标准,促进标准在全球的一致性,促进国际贸易与科学技术的合作。

二、ISO 9001体系认识

ISO 9001是ISO 9000族标准所包括的一组质量管理体系的核心标准之一。

(一)什么是ISO 9000

ISO 9000是国际质量管理体系标准,由ISO TC176质量保证技术委员会制定。首次颁布于1987年,1994年、2000年、2008年、2015年经修订后再次颁布。现阶段使用的是2016年10月1日颁布的第5版。近百个国家已正式将ISO 9000系列的国际标准直接引用为自己的国家标准。全世界许多的大型公司均要求其在世界各地的分公司和供应商应符合ISO 9000的要求。

(二)ISO 9000系列标准

ISO 9000系列标准,如图6-1所示。

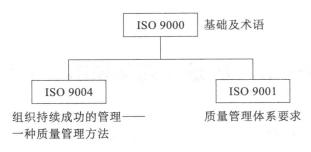

图 6-1 ISO 9000 系列标准

（三）ISO 9001 和 PDCA 的关系

ISO 9001 和 PDCA 的关系，如图 6-2 所示。简言之，推动 ISO 9000 是公司所有人员在 ISO 9000 的基础上运行 PDCA 的循环。

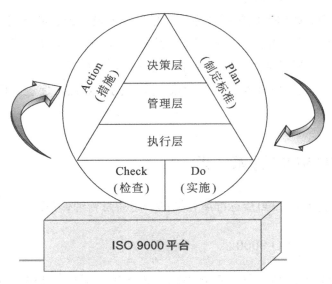

图 6-2 ISO 9001 和 PDCA 的关系

（四）ISO 9001 质量管理过程模式

ISO 9001 质量管理过程模式，如图 6-3 所示。

（五）ISO 9001:2015 的结构

ISO 9001:2015 的结构，如图 6-4 所示。

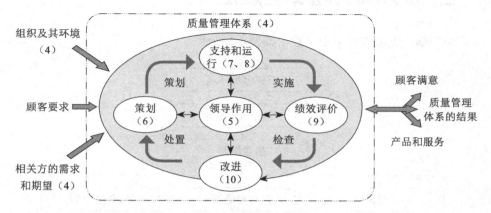

注：括号中的数字表示 ISO 9001:2015 的相应章节。

图 6-3　ISO 9001 质量管理过程模式

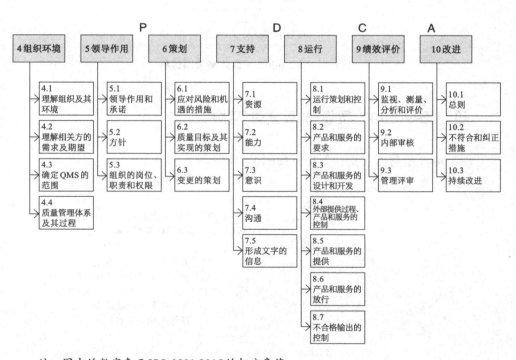

注：图中的数字表示 ISO 9001:2015 的相应章节。

图 6-4　ISO 9001:2015 的结构

三、ISO 9001 质量体系策划过程

ISO 9001 质量体系策划过程，如图 6-5 所示。

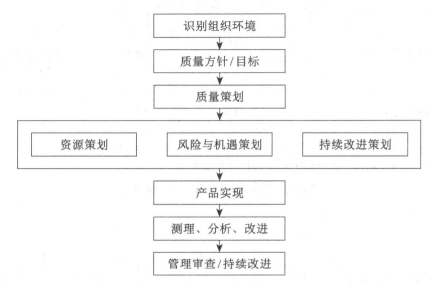

图 6-5　ISO 9001 质量体系策划过程

四、ISO 9001 质量体系文件架构

ISO 9001 质量体系文件架构，如图 6-6 所示。

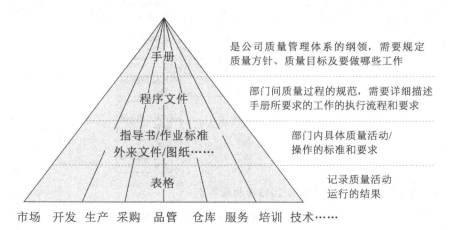

图 6-6　ISO 9001 质量体系文件架构

五、实施 ISO 9001 体系的步骤

ISO 9001 质量管理体系实施的步骤，见图 6-7。

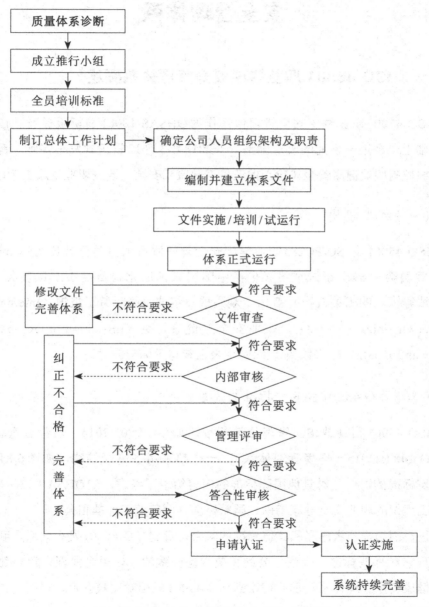

图 6-7　ISO 9001 质量管理体系实施步骤

第二节 ISO 45001职业健康安全管理体系

一、ISO 45001职业健康安全管理体系概述

ISO 45001职业健康安全管理体系作为OHSAS 18001的新版标准，在旧版的基础上，经过一系列的改革调整，于2018年3月12日正式发布实施，旨在帮助组织控制职业健康安全风险，保证员工健康和安全，改进职业健康安全绩效。

（一）编写机构

ISO 45001由ISO/PC283职业健康安全管理体系项目委员会负责起草编写。这个委员会由69个正式成员（包括中国国家标准化委员会SAC以及英、美、德、法等国家的相关机构）和16个观察成员组成。国际劳工组织（International Labour Organization，ILO）、职业安全与健康协会（Institution of Occupational Safety and Health，IOSH）等组织的代表也参与了标准的讨论。

（二）ISO 45001和其他标准的关系

ISO 45001和其他ISO管理体系标准，如ISO 9001:2015（质量管理体系）和ISO 14001:2015（环境管理体系），一样都采用了高级结构，如图6-8所示。在制定标准的时候，对其他国际标准的内容给予了考虑，如OHSAS 18001及国际劳工组织的职业安全健康指南、国家标准、国际劳工标准和公约。

正是因为提前考虑了和其他标准的融合，等到ISO 45001发布之后，我们可以发现它和那些标准、指南、公约和要求是一致的。如果企业现在已经建立了职业健康安全管理体系，那么切换到ISO 45001就相对比较容易，同时，也便于组织将职业健康安全管理要求融入和整合到总体的管理过程中去。

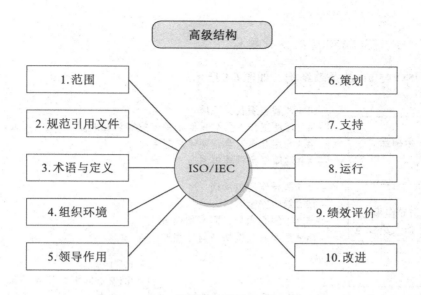

图 6-8　ISO 45001 使用高级结构

（三）ISO 45001 的条款结构

ISO 45001 的条款结构，如图 6-9 所示。

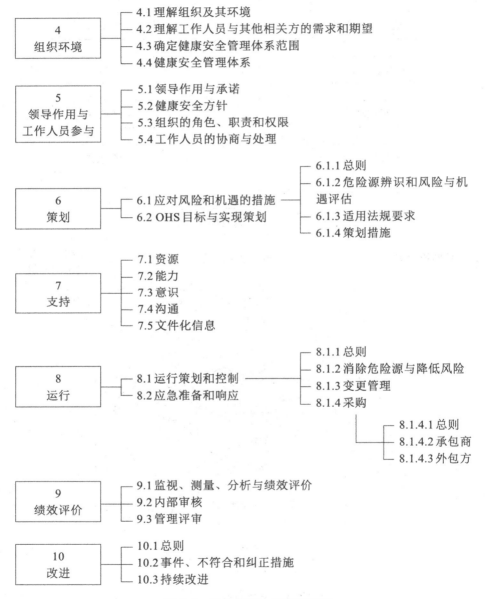

图 6-9　ISO 45001 的条款结构

（四）ISO 45001体系模型

ISO 45001体系模型，如图6-10所示。

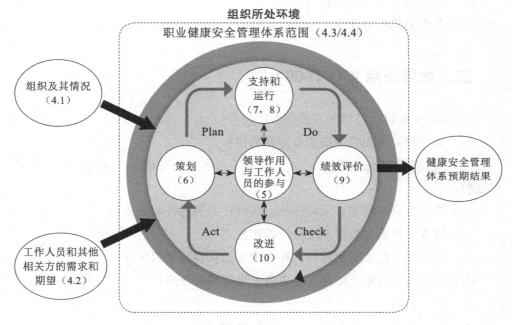

注：括号中的数字表示ISO 45001的相应章节

图6-10　ISO 45001体系模型

二、应用ISO 45001的益处

ISO 45001为组织提供了一套控制风险的管理方法：通过专业性的调查评估和相关法规要求的符合性鉴定，找出存在于企业产品、服务、活动、工作环境中的危险源，针对不可容许的危险源和风险制订适宜的控制计划，并执行控制计划，定期检查评估职业健康安全规定与计划，建立包含组织结构、职责、培训、信息沟通、应急准备与响应等要素的管理体系，持续改进职业健康安全绩效。所以应用ISO 45001可以帮助组织改善职业健康安全绩效，并确保为员工提供安全的作业场所。应用ISO 45001的益处如下：

（1）提高符合法律法规的能力。

(2)降低事故事件的总成本。

(3)减少停机时间和生产中断的成本。

(4)降低保险费用。

(5)减少误工和员工离职率。

(6)得到国际职业健康安全管理水准的认可。

三、如何应用 ISO 45001

ISO 45001 可以通过如下方式来加以应用：

(1)制定和实施职业健康安全方针和目标。

(2)通过理解组织所处的环境、需要应对的风险和机遇，来建立系统的管理过程。

(3)进行危险源辨识、风险评估，并确定必要的控制措施。

(4)提升人员的职业健康安全意识和能力。

(5)评价职业健康安全绩效，寻找改善的机会并加以实施。

(6)确保员工在职业健康安全事务中发挥积极作用。

四、ISO 45001：2018 认证所需资料

(1)有效版本的管理体系文件。

(2)营业执照复印件或机构成立批文（需要时）。

(3)组织的安全生产许可证明。

(4)生产工艺流程图或服务提供流程图。

(5)组织机构图。

(6)适用的法律法规清单。

(7)地理位置示意图。

(8)厂区平面布置图。

(9)生产车间平面布置图。

(10)重大危险源清单。

(11)职业健康安全目标、指标和管理方案。

(12)守法证明。

第三节　ISO 14000环境管理体系

ISO 14000是ISO组织推出的第二个管理性系列标准。ISO 14000系列标准是由国际标准化组织（ISO）第207技术委员会（ISO/TC207）组织制定的环境管理体系标准，其标准号从14001至14100，共100个，统称为ISO 14000系列标准。它是顺应国际环境保护的发展，依据国际经济贸易发展的需要而制定的。目前正式颁布的有ISO 14001、ISO 14004、ISO 14010、ISO 14011、ISO 14012、ISO 14040六个标准，其中ISO 14001是系列标准的核心标准，也是唯一可用于第三方认证的标准。

ISO 14000适用于任何行业和任何组织，不论组织提供何类产品，不论组织规模大小。

一、ISO 14000 的实施意义

ISO 14000系列标准归根结底是一套管理性质的标准。它是工业发达国家环境管理经验的结晶，在制定国家标准时又考虑了不同国家的情况，尽量使标准能普遍适用。

ISO 14000标准对企业的积极影响主要体现在以下几个方面：

（1）树立企业形象，提高企业的知名度。
（2）促使企业自觉遵守环境法律、法规。
（3）促使企业在其生产、经营、服务及其他活动中考虑其对环境的影响，减少环境负荷。
（4）使企业获得进入国际市场的"绿色通行证"。
（5）增强企业员工的环境意识。
（6）促使企业节约能源，利用废弃物，降低经营成本。
（7）促使企业加强环境管理。

二、ISO 14000 标准与 ISO 9000 标准的异同

ISO 14000标准与ISO 9000标准都是ISO组织制定的针对管理的标准，都是

国际贸易中消除贸易壁垒的有效手段。

（一）两者的区别

1. 关注对象不同

ISO 9000针对的是顾客需要；ISO 14000则针对众多相关方和社会对环境保护不断发展的需要。

2. 目的不同

ISO 9000的目的是满足顾客需要；ISO 14000的目的则是持续改进环境状况。

3. 压力不同

推行ISO 9000标准的压力来自市场；而推行ISO 14000标准的压力来自公众。

4. 审核重点不同

ISO 9000的审核重点是质量保证与控制，依据是选定标准；而ISO 14000的审核重点是符合法律，持续改进。

5. 审核阶段不同

ISO 9000认证没有预审核要求；而ISO 14000认证包括初评、正评两个阶段。

6. 注重范围不同

ISO 9000的注重范围为产品涉及的区域和活动；而ISO 14000的注重范围为组织可控或可对环境因素影响的范围，即"限定场地"。

7. 标准要求有所不同

ISO 14000在管理体系方面提出的新要求主要有以下方面：

（1）目标管理。

（2）全面管理。

（3）信息沟通。

（4）持续改进。

（5）法规要求。

（二）两者的相同或相似之处

ISO 14000标准与ISO 9000标准的要素有相同或相似之处，如表6-1所示。

表 6-1　两套标准的要素比较

ISO 14000	ISO 9000
环境方针	质量方针
组织结构和职责	职责与权限
人员环境培训	人员质量培训
环境信息交流	质量信息交流
环境文件控制	质量文件控制
应急准备和响应部分	与消防安全的要求相同
不符合、纠正和预防措施	不符合、纠正和预防措施
环境记录	质量记录
内部审核	内部审核
管理评审	管理评审

三、ISO 14000 标准的特点

ISO 14000 标准具有图 6-11 所示特点。

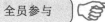

ISO 14000 系列标准的基本思路是引导建立环境管理的自我约束机制，从最高领导到每个职工都以主动、自觉的精神处理好与改善环境绩效有关的活动，并进行持续改进

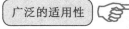

ISO 14000 系列标准，在许多方面都借鉴了 ISO 9000 族标准的成功经验。ISO 14001 标准适用于任何类型与规模的组织，并适用于各种地理、文化和社会条件，既可用于内部审核或对外认证、注册，也可用于自我管理

ISO 14001 标准除了要求组织对遵守环境法规、坚持污染预防和持续改进做出承诺外，再无硬性规定。标准仅提出建立体系，以及实现方针、目标的框架要求，没有规定必须达到的环境绩效，而把建立绩效目标和指标的工作留给组织，这既调动了组织的积极性，又允许组织从实际出发量力而行。标准的这种灵活性体现出合理性，使各种类型的组织都有可能通过实施这套标准达到改进环境绩效的目的

图 6-11

兼容性 ☞	在 ISO 14000 系列标准中，针对兼容问题有许多说明和规定，如，ISO 14000 标准的引言中指出"本标准与 ISO 9000 系列质量体系标准遵循共同的体系原则，组织可选取一个与 ISO 9000 系列相符的现行管理体系，作为其环境管理体系的基础"。这些表明，对体系的兼容或一体化的考虑是 ISO 14000 系列标准的突出特点，是 TC207 的重大决策，也是正确实施这一标准的关键问题
全过程预防 ☞	"预防为主"是贯穿 ISO 14000 系列标准的主导思想。在环境管理体系框架要求中，最重要的环节便是制定环境方针，要求组织领导在方针中必须承诺污染预防，并且还要把该承诺在环境管理体系中加以具体化和落实，体系中的许多要素都有预防功能
持续改进原则 ☞	"持续改进"是 ISO 14000 系列标准的灵魂。ISO 14000 系列标准总的目的是支持环境保护和污染预防，并协调它们与社会需求和经济发展的关系。这个总目的要通过各个组织共同实施这套标准才能实现。就每个组织来说，无论是污染预防还是环境绩效的改善，都不可能一经实施这个标准就能得到完满的解决。一个组织建立了自己的环境管理体系，并不能表明其环境绩效如何，只能说明这个组织决心通过实施这套标准，建立起能够不断改进的机制，并通过坚持不懈地改进，实现自己的环境方针和承诺，最终达到改善环境绩效的目的

图 6-11　ISO 14000 标准的特点

四、ISO 14001 的主要内容

　　ISO 14001 的中文名称是环境管理体系——规范及使用指南，于 1996 年 9 月正式颁布。ISO 14001 是组织规划、实施、检查、评审环境管理运作系统的规范性标准，该系统包含五大部分，十七个要素。

　　（一）五大部分内容

　　五大部分内容是指：环境方针、规划、实施与运行、检查与纠正措施、管理评审。

这五个基本部分包含了环境管理体系的建立过程和建立后有计划地评审及持续改进的循环,以保证组织内部环境管理体系的不断完善和提高。

(二)十七个要素

十七个要素是指:环境方针,环境因素,法律与其他要求,目标和指标,环境管理方案,机构和职责,培训、意识与能力,信息交流,环境管理体系文件,文件管理,运行控制,应急准备和响应,监测,不符合、纠正与预防措施,记录,环境管理体系审核,管理评审。

五、ISO 14001 认证

ISO 14001 的认证全称是 ISO 14001 环境管理体系认证,是指依据 ISO 14001 标准由第三方认证机构实施的合格评定活动。ISO 14001 是国际标准化组织发布的一份标准,是 ISO 14000 族标准中的一份标准,该标准于 1996 年首次发布,并于 2004 年由 ISO 国际标准化组织进行了修订,最新版本为 ISO 14001:2015。

第四节 SA 8000社会责任标准

SA 8000 即"社会责任标准",是 Social Accountability 8000 的英文简称,是世界上第一个社会道德责任标准,其宗旨是确保供应商所供应的产品都符合社会责任标准的要求。其依据与 ISO 9000 质量管理体系及 ISO 14000 环境管理体系一样,皆为一套可被第三方认证机构审核的国际标准。

SA 8000 社会责任标准适用于任何组织,不受地域、产业类别和公司规模的限制。

一、SA 8000 社会责任体系九大要素

SA 8000 的主要内容包括童工、强迫性劳工、健康与安全、歧视、组织工会的自由与集体谈判的权利、惩罚性措施、工作时间、工资报酬及管理体系九个要素,具体如图 6-12 所示。

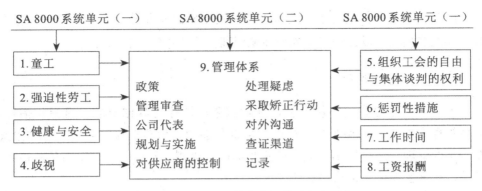

图 6-12　SA 8000 社会责任体系九大要素

二、SA 8000 社会责任体系管理系统要求

（一）政策

高层应该制定有关社会责任和劳动条件的公司政策，并保证这个政策：

（1）包含对符合 SA 8000 社会责任体系标准内所有规定的承诺。

（2）包含对遵守国家和其他适用的法律、公司签署的规章以及尊重国际协议和其解释的承诺。

（3）包含对不断改善的承诺。

（4）有效地记录、实施、维持和传达这个政策，并且以通俗易懂的形式供所有员工随时取阅。"所有员工"在此指的是董事、决策阶层、经理、监督和非管理人员，它包括直接雇用、合同制聘用或以其他方式代表公司的人。

（5）对公众公开。

（二）管理审核

高层管理人员应依据 SA 8000 社会责任体系标准和公司签署的其他规章要求定期审查公司的政策、措施及执行结果，以确定其是否充分、适用和持续有效。在必要的时候，应该进行系统的修正和改进。

（三）公司代表

公司应该指定一个高层管理代表，不论他在公司是否担任其他职务，都要负责保证公司达到 SA 8000 社会责任体系标准中的规定。

公司应该协助非管理人员选出自己的代表，以便与高层管理人员就 SA 8000 社会责任体系标准规定的事项进行沟通。

（四）计划与实施

公司应保证公司员工都能了解和实施 SA 8000 社会责任体系标准的规定，包括但不限于下列各项：

（1）明确地定义角色、责任和职权。

（2）在雇用之际，培训新进员工和临时员工。

（3）为在职员工提供定期培训和宣传。

（4）持续监督相关的活动和成效，来证明系统是否有效地达到公司政策和 SA 8000 社会责任体系标准的规定。

（五）对供应商的控制

公司应该建立和维持适当的程序，在评估和挑选供应商、分包商（若情况允许，也包括下级供应商）时应考虑其满足 SA 8000 社会责任体系标准要求的能力。

公司应该保留适当的记录记载供应商、分包商（若情况允许，也包括下级供应商）对社会责任的承诺，包括但不限于图 6-13 所列的书面承诺。

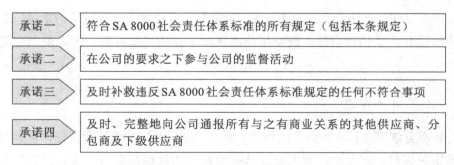

图 6-13　对社会责任的承诺

公司应该保留合理的证据，证明供应商和分包商及下级供应商能够达到 SA 8000 社会责任体系标准中的各项规定。

除上述规定外，如果接收、处理或经营任何出自居家工人的产品或服务，公司应采取特别措施保证这些居家工人享有与依据 SA 8000 社会责任体系标准规定向直接雇员提供的相似程度的保护。这些特别措施包括但不限于图 6-14 所示的内容。

1. 订立具法律效力的书面购买合同并载明最低要求（应与 SA 8000 社会责任体系标准相符）
2. 确保居家工人及所有与该书面购买合同有关人员能够理解合同并能贯彻合同要求
3. 在公司内保留详细记载有关居家工人身份、所提供的产品或服务以及工作时数的全面资料
4. 频繁进行事先通知或未通知的审查活动以确保该书面购买合同得以贯彻实施

图 6-14　特别措施

（六）处理疑虑和采取纠正行动

当员工和其他利益团体质疑公司是否符合公司政策或 SA 8000 社会责任体系标准规定的事项时，公司应该调查、处理并作出反应；员工如果提供了关于公司是否遵守 SA 8000 社会责任体系标准的资料，公司不可对其采取惩罚、解雇或歧视等行为。

如果发现任何违反公司政策或 SA 8000 社会责任体系标准规定的事项，公司应该根据其性质和严重性，调配相应的资源予以适当的补救，并采取相应的纠正行动。

（七）对外沟通

公司应该建立和维持适当的程序，就公司执行 SA 8000 社会责任体系标准各项要求的表现，定期向所有利益团体提供相关的数据和资料，所提供的资料应该包括但不限于管理审核和监督活动的结果。

（八）核实渠道

如果合同有此要求，公司应该给有关方面提供合理的信息和取得信息的渠

道,以供其核实公司是否符合SA 8000社会责任体系标准的规定。如果合同中有进一步的要求,公司应该通过采购合同的条文,要求供应商和分包商提供相似的信息和取得信息的渠道。

(九)记录

公司应该保留适当的记录,来证明公司是否符合SA 8000社会责任体系标准中的各项规定。

三、企业申请 SA 8000 认证的作用

企业申请SA 8000认证的作用如下:

(1)达到国际知名采购方要求的审核标准,打破中国加入WTO之后的软性壁垒。

(2)加强与完善公司的政策与程序,在可控或影响的范围之内,承担相关的社会责任,改善雇主与员工的关系。

(3)减少国外客户对供应商的第二方审核。

(4)节省费用。

(5)更大程度符合当地的法规要求。

(6)建立国际共信力。

(7)使消费者对产品建立正面情感。

(8)使合作伙伴对本企业建立长期信心。

如今,SA 8000社会责任管理体系正在激起全球企业界的广泛关注和热情。很显然,组织经认证机构全面、独立的审核后,颁发的社会责任认证证书,将是对该组织道德行为和社会责任管理能力最为有效的认可。而SA 8000在将来的国际竞争中更是企业获得成功的一个重要组成部分。

四、SA 8000 认证必备条件

(一)申请条件

(1)申请方应具有明确的法律地位。

(2）申请前应开展业务至少6个月。

(3）与其顾客的协议处于活动状态。

(4）一阶段审核前6个月客户无严重违反SA 8000标准指标且未解决的情况。

(5）受审核方已经按照标准建立了文件化的管理体系，并运行三个月。

> **提醒您**
>
> SA 8000标准不适用于以下活动、地区或组织：海事活动、渔业作业场所、离岸作业场所；没有具体业务运营的组织，如控股公司、跨境多场所组织。跨境多场所组织，可单独申请认证。

（二）需要提交的材料

(1）法律地位证明文件（如企业法人营业执照等）。

(2）有效的资质证明（如需要，根据申请组织所处行业要求）。

(3）管理手册和程序文件。

(4）申请书及申请书要求的其他材料。

第五节 ISO 27001信息安全管理体系

ISO/IEC 27001信息安全管理体系，即Information Security Management System，ISMS。此概念最初起源于英国标准BS7799，经过十年的不断改版，最终在2005年被国际标准化组织（ISO）转化为正式的国际标准。

一、ISO 27001信息安全管理体系的内容

目前国际上普遍采用ISO/IEC 27001：2013作为企业建立信息安全管理体系的最新要求，该体系包括14个控制域、35个控制目标、114项控制措施。体系控制域内容，如图6-15所示。

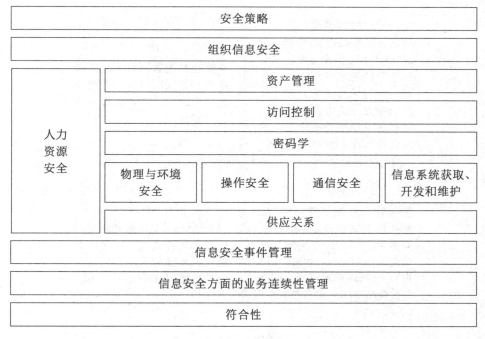

图 6-15　体系控制域内容

二、ISO 27001 的 PDCA 过程方法

该标准可用于组织的信息安全管理建设和实施。通过管理体系保障组织全方面的信息安全，并采用 PDCA 过程方法，基于风险评估的风险管理理念，全面、系统地持续改进组织的信息安全管理，具体如图 6-16 所示。

三、ISO 27001 认证的益处

（1）提升客户对于公司产品和服务的信任度和满意度。

（2）展示公司服务的安全性，极大提升行业竞争力。

（3）与国际信息安全标准接轨，树立行业标杆，有利于在世界范围内开展与其他企业的合作与交流。

图 6-16　PDCA 过程方法

（4）显著提高企业内部的 IT 信息安全管理规范，改善员工对于信息安全服务及 IT 管理认知。

（5）提升自身品牌形象，进一步贴近客户需求，为客户提供优质可靠的 IT 服务。

四、ISO 27001 认证实施步骤

ISO 27001 作为信息安全管理标准，为信息安全管理体系（ISMS）的建立、实施、运行、监视、评审、保持和持续改进提供了模型和必要的控制目标和措施，是 ISMS 顺利实施的最佳指南。

一般企业建立实施该体系至少需要 3 个月时间，步骤如图 6-17 所示。

第六章 | 企业管理体系

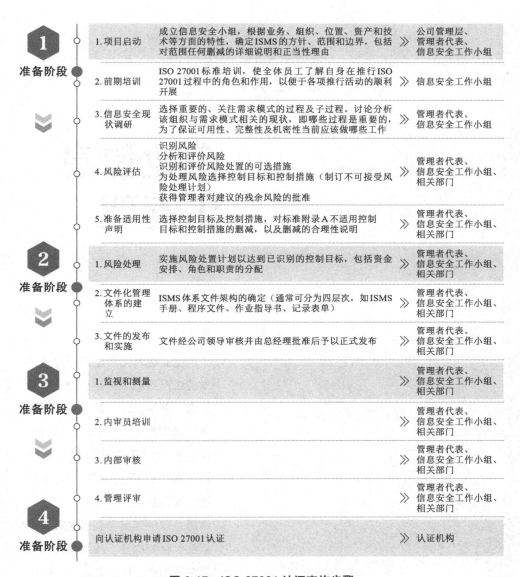

图 6-17　ISO 27001 认证实施步骤

第七章

企业信息化管理

引言：

　　企业信息化管理主要指将企业的生产过程、物料移动、事务处理、现金流动、客户交互等业务过程数字化，并通过各种信息系统网络加工生成新的信息资源，提供给各层次的人们来洞悉、观察各类动态业务中的一切信息，以便作出有利于生产要素组合优化的决策，从而使企业资源合理配置，使企业能适应瞬息万变的市场经济竞争环境，求得最大的经济效益。

第一节 信息化管理概述

一、企业信息化管理的定义

企业信息化管理（Enterprise Informatization Management，EIM），是指对企业信息实施过程进行的管理。

企业信息的来源不仅仅局限于企业内部，还包括企业外部，即与企业生产、销售、竞争相关的外部信息源。信息源采集范围和质量受多种因素影响，如企业的信息战略指向，企业内部负责生产、决策等的工作者对信息的需求，信息获得的难易程度，信息质量水平等。

二、企业信息化管理的精髓

企业信息化管理的精髓是信息集成，其核心要素是数据平台的建设和数据的深度挖掘，通过信息管理系统把企业的设计、采购、生产、制造、财务、营销、经营、管理等各个环节集成起来，共享信息和资源，同时利用现代的技术手段来寻找自己的潜在客户，有效地支撑企业的决策系统，达到降低库存、提高生产效能和质量、快速应变的目的，从而增强企业的市场竞争力。

企业的决策系统包括决策层、战略层和战术层，相应地，企业信息化管理系统包括战略管理、实施管理、运行和维护管理三个层面，如图7-1所示。

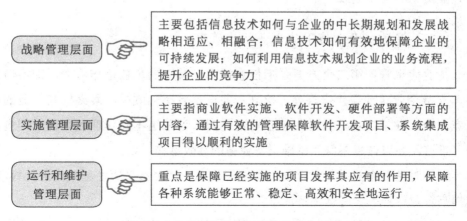

图7-1 企业信息化管理系统的三个层面

三、企业信息化管理的三个方面

企业信息化管理主要包含信息技术支持下的企业变革过程管理、企业运作管理以及对信息技术、信息资源、信息设备等信息化实施过程的管理。企业信息化管理的三个方面的实现是不可分割的，它们互相支持、彼此补充，达到融合又相互制约的目的。企业信息管理属于企业战略管理范畴，对企业发展具有重要意义。

（一）信息技术支持下的企业变革过程管理

企业信息化实施涉及企业管理模式、组织架构、业务流程、组织行为的改变等，是一个复杂的组织与管理变革过程。在信息管理变革中，通过变革目标导向确保变革有一个具有方向性的、可以监测的、有领导的管理环境，为整个变革历程制订计划，形成有实效的项目小组，并有效管理项目进程。采用新的领导方式对信息技术支持下的企业变革过程管理的核心价值进行宣传，从而提高管理层领导工作的有效性。采用有效措施激励员工，提高业务人员在新工作环境下的工作绩效。通过全员参与，使员工了解和明白变革的意义，鼓励员工提出创新性的想法以推动变革的进程。通过变革导向、领导方式、激励支持、全员参与四方面的变革管理，使员工逐步深入参与到信息管理变革中以尽快提高企业员工的工作绩效。

（二）信息技术支持下的企业运作管理

企业信息管理第二个方面是指信息技术支持下的企业运作管理，即用信息技术支持企业实现现代化管理，提高企业运作效率和效益，最终提高企业的市场竞争力。在采用信息技术支持企业运作时，可采用不同管理视角建立相应的信息系统，并以信息系统为基础支持业务的高效运作，如：

（1）对企业中的人、财、物、技术等基本生产要素采用信息系统进行管理，以提高企业生产率、降低生产成本。

（2）对产品的销售、订单获取、计划制订、采购、研发、生产、维护等产品生命周期所有环节采用信息系统进行管理,以提高产品质量与客户满意度。

(3)采用信息系统对企业战略、决策过程、组织岗位、制度、技能、绩效考核、数据与知识管理等企业目标和组织进行管理,以提高企业管理水平与组织绩效。

实施信息技术支持下的企业运作管理的目的是着力构建企业战略信息系统。企业战略信息系统是指使用信息技术来支持企业竞争战略和企业计划,使企业获得竞争优势。因此,企业的信息系统能否成为战略信息系统主要看它是否能满足以下某一个或者几个方面:

(1)能否在商业环境中用作获取竞争优势的工具。

(2)能否与一个组织整合起来来提高企业的业务业绩。

(3)能否用来发展新的产品或者服务。

(4)能否用来改进业务组织与客户和供应商的关系。

典型的企业战略信息系统有企业资源计划系统、供应链管理系统、产品数据管理系统、制造执行系统、电子商务系统、现代集成制造系统等。现代集成制造系统是先进管理模式与自动化技术、信息技术、先进制造技术在企业的综合集成应用,是企业信息化管理的高级阶段。

(三)对信息化实施过程的管理

企业信息化管理的第三个方面是指对企业采用信息技术建立的信息系统、获取到的信息资源,以及企业信息化实施运作的过程进行计划、组织、控制、协调和指挥,以使企业在信息技术和信息资源上的投资收益最大化。

1. 信息技术管理

信息技术管理的内容包括:

(1)信息技术的规划。

(2)信息技术的选择。

(3)硬件平台、软件平台、网络。

(4)应用信息系统设计、开发、测试、实施过程的管理。

(5)信息系统的升级、维护、淘汰、运行性能、系统配置、IT服务管理等。

2.信息资源管理

信息资源管理主要包括信息资源规划和信息资源应用。

(1) 信息资源规划

信息资源规划主要包括信息基础标准制定、单一信息源定义、信息视图整理、主题数据库设计、数据中心方案设计与信息模型设计等内容。

(2) 信息资源应用

信息资源应用主要包括基于数据中心的信息集中管理、应用软件开发、信息集成以及数据仓库建设、数据挖掘、决策支持和基于信息资源的知识管理、产业化等内容。

企业信息化实施运作过程管理主要包含对信息化过程的计划、组织、控制、协调和沟通，具体如表7-1所示。

表7-1 企业信息化实施运作过程管理

序号	运作过程管理要点	说明
1	计划	计划主要指企业信息化过程的管理首先要对企业信息化进行规划，然后在制定企业信息化蓝图的基础上找出信息化存在的差距，以确定企业信息化过程中所需要解决的问题，进而确定主要实施内容、资金投入计划、实施步骤、阶段目标和考核指标等内容
2	组织	组织主要指为企业信息化实施确定组织架构和职能，包括确定首席信息总管的职权，确定信息化组织岗位，建立信息化项目团队，制定信息化管理制度，对信息化人员技能与绩效进行考核
3	控制	控制主要是指对企业信息化的过程进行有效的控制，包括信息系统实施项目的选择，信息化项目实施过程的管理，制定企业信息化评价体系、评价方法，对信息技术的风险进行分析管理等
4	协调	协调主要是指调节企业信息化过程中产生的各种矛盾，包括首席执行官与首席信息总管之间关系的协调，业务部门与IT部门关系的协调，提高业务战略和信息化战略一致性的协调，在不同IT项目之间进行资源分配的协调，不同信息化岗位职责间矛盾的协调等
5	沟通	沟通主要是指通过下达命令、指示等形式，对组织内部个人施加影响，从而将信息化规划的目标或者领导者的决策变成全员的统一活动

第二节　信息化管理系统（软件）

一、MRP Ⅱ制造资源计划

（一）何谓MRP Ⅱ制造资源计划

制造资源计划简称为MRP Ⅱ，是Manufacturing Resource Planning的英文缩写。MRP Ⅱ是一个围绕企业基本经营目标，以生产计划为主线，对制造企业的各种资源进行统一计划和控制的生产经营计划管理系统，也是管理企业物流、信息流和资金流并使之畅通的动态反馈系统。

相关链接

MRP、MRP Ⅱ和ERP的关系与区别

MRP、MRP Ⅱ和ERP，是企业管理信息系统发展的不同阶段。三者并不是孤立的，他们是在前者的基础上发展起来的。

1. 定义

MRP（Material Requirement Planning）物料需求计划，主要对制造环节中的物流进行管理，使企业达到"既要保证生产又要控制库存"的目的。

MRP Ⅱ（Manufacturing Resource Planning）制造企业资源计划，集成了物流和资金流，将人、财、物、时间等各种资源进行周密计划，合理利用，以提高企业的竞争力。

ERP（Enterprise Resource Planning）企业资源计划，由Garter Group率先提出，它将供应链、企业业务流程和信息流程都囊括其中。由于ERP的概念应用最广，现在已经成为企业管理信息系统的代名词。

2. 关系

MRP是一种保证既不出现短缺，也不积压库存的计划方法，是ERP系

统的核心功能模块。MRP 包含几个要素：原料、生产、销售、产品结构。

MRP Ⅱ：MRP 解决了企业物料供需信息的集成，但没有说明企业的经营效益。MRP Ⅱ 则采用管理会计的概念，实现了物料信息和资金信息的集成。MRP Ⅱ 以产品结构为基础，从最底层的采购成本开始，逐层向上累计材料费用、制造费用、人工费用，直到最终产品的成本，再进一步结合营销和销售，分析产品的获利情况。

ERP：ERP 是面向供需链（Supply Chain Management）的管理信息集成。除了制造、供销、财务功能外，它还支持物料流通体系的运输管理、仓库管理、在线分析、售后服务、备品备件管理；支持多语言、多币种、复杂的跨国组织、混合型生产制造类型；支持远程通信、电子商务、工作流的集成；支持企业资本管理。ERP 实际上已经超越制造业的范围，成为具有广泛适应性的企业管理信息系统。

3. 核心思想

MRP 的核心思想是把产品中的物料分为独立需求和相关需求，然后按照需求时间的先后（优先级）及提前期的长短，确定各个物料在不同阶段的需求量和订单的下达时间，从而达到供需平衡的原则。

MRP Ⅱ 的核心思想是以工业工程的计划与控制为主线，体现物流与资金流信息集成的管理信息系统。其与管理会计集成，采用模拟法支持决策。

ERP 的核心思想是供需链管理、敏捷制造、精益生产、约束理论、价值链，强调人、机、物是一个整体，是不可分割的。

MRP Ⅱ 涵盖了整个企业的生产经营活动，如销售、生产、库存、作业计划与控制等。它能为企业生产经营提供一个完整而详尽的计划，使企业内各部门的活动协调一致，形成一个整体，从而提高企业的整体效率和效益。

（二）MRP Ⅱ 的适用范围

MRP Ⅱ 适用于离散制造型企业的管理。离散型制造企业分布的行业较广，主要包括：机械加工、电子元器件制造、汽车、家具、五金、家电、医疗设备、玩具生产等。

(三) MRP Ⅱ 运行原理

（1）建立基础数据环境。建立规范、准确、完整的数据系统是 MRP Ⅱ 运行的基本条件。

（2）编制生产计划，进行闭环控制。MRP Ⅱ 通过一条合理的生产计划主线来指导企业各个生产环节的有效运行。其计划编制由上到下、由粗到精，如：经营计划——综合生产计划/资源需求计划——MPS/粗能力计划——MRP/CRP——车间作业计划。

（3）产品成本核算及财务管理。根据产品结构的数据资料以及产品加工过程的材料消耗、工耗和费用数据实现对产品成本的跟踪与核算，并建立产品的成本档案等。

相关链接

MRP Ⅱ 的数据环境与输入数据的类型

1. MRP Ⅱ 的数据环境

（1）静态数据（固定信息）：指生产活动开始之前要准备的数据。如：物料清单、工作中心能力与成本数据、工艺路线、仓库及货位代码、会计科目的设定等。

（2）动态数据（流动信息）：指生产活动过程中发生的数据，它是动态变化的，需要随时维护。如：客户合同、库存记录、完工报告等。

（3）中间数据（中间信息）：根据用户需要，经过 MRP Ⅱ 系统运算形成的各种数据或报表。如：主生产计划、物料需求计划等。

静态数据和动态数据是 MRP Ⅱ 系统的输入，中间数据是系统的输出。

2. MRP Ⅱ 输入数据的主要类型

（1）物料与产品信息：如物料主文件、产品物料清单。

（2）能力信息：如工作中心、工艺路线文件、工作日历。

（3）库存信息：如物料可用量、安全库存、仓库与货位。

（4）财务信息：如会计科目、产品成本、利润中心或成本中心。

（5）需求信息：如预测、合同。

（6）供需方信息：如供应商文档、客户信息。

（四）MRP Ⅱ 的特点

（1）计划的一贯性、有效性和可行性：计划主导型管理模式。

（2）管理系统性：一个计划（one plan）。

（3）数据共享性：中央数据库。

（4）动态应变性：闭环控制，管理机动。

（5）模拟预见性：MRP Ⅱ 信息逻辑反映了生产经营管理的客观规律，具有决策模拟性。

（6）财物一致性：物流与资金流的统一。

（7）整体协作性：MRP Ⅱ 统一、协调了企业的生产经营活动，如市场营销、生产管理、采购管理、财务管理、技术管理。

（五）MRP Ⅱ 系统运作流程

MRP Ⅱ 系统运作流程，如图7-2所示。

二、ERP 企业资源计划

（一）何谓 ERP 系统

ERP 是英文 Enterprise Resource Planning 的缩写，意思为企业资源规划。

企业资源规划 ERP 是由美国著名管理咨询公司 Gartner Group Inc. 首先提出的，作为当今国际上一个最先进的企业管理模式，它在体现最先进的企业管理理论的同时，也提供了企业信息化集成的最佳解决方案。它把企业的物流、人流、资金流、信息流统一起来进行管理，以求最大限度地利用企业现有资源，实现企业经济效益的最大化。企业资源规划对企业所拥有的人、财、物、信息、时间和空间等综合资源进行综合平衡和优化管理，并协调企业各管理部门，围绕市场导向开展业务活动，提高企业的核心竞争力，从而取得最好的经济效益。所以，ERP 首先是一个软件，同时也是一个管理工具。它是 IT 技术与管理思想的融合体，即先进的管理思想借助电脑，来达成企业的管理目标。

（二）ERP 系统的适用范围

ERP 系统应用于诸多行业，如金融业、高科技产业、通信业、零售业等。

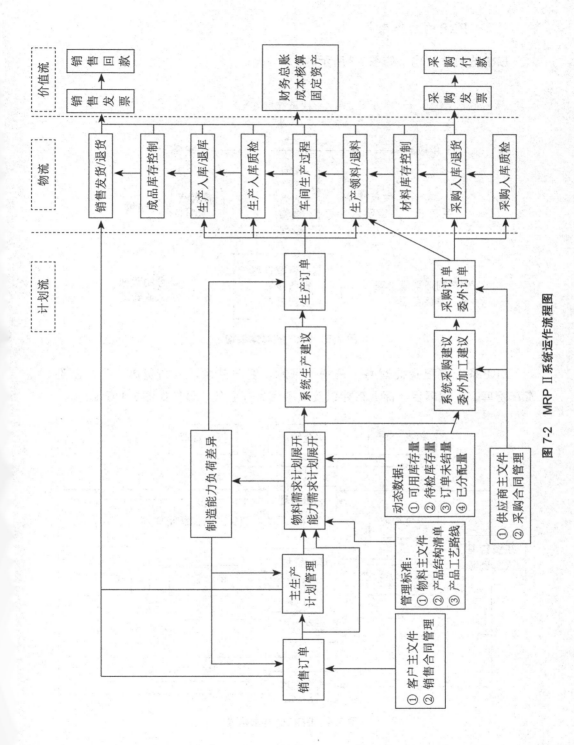

图 7-2 MRP II 系统运作流程图

（三）ERP 的总体架构

ERP 的总体架构，如图 7-3 所示。

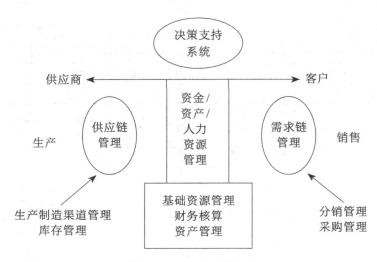

图 7-3　ERP 的总体架构

ERP 系统覆盖企业财务、销售、采购、客户关系、人力资源、生产制造、资产管理、工程项目、商业智能以及电子商务等业务，具体如图 7-4 所示。

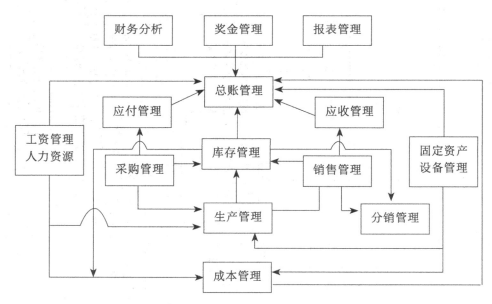

图 7-4　ERP 的基本构成

三、MES 制造执行系统

MES 作为联接顶层计划管理系统与底层控制系统的纽带，是制造业企业不可或缺的管理工具。MES 是计划的执行工具，能够帮助企业从根本上提升管理水平，优化工艺流程，改善产品质量，实现精益生产，降低能源损耗，减少库存，降低成本，增进客户关系等。企业在 MES 制造执行系统中导入 ERP 中的计划，可将工厂级的生产计划逐级分解为生产现场作业的工序计划。

（一）何谓 MES 制造执行系统

MES 即制造执行系统（Manufacturing Execution system，MES），旨在加强 MRP 计划的执行功能，把 MRP 计划同车间作业现场控制，通过执行系统联系起来。这里的现场控制包括 PLC 程控器、数据采集器、条形码、各种计量及检测仪器、机械手等。MES 系统设置了必要的接口，与提供生产现场控制设施的厂商建立合作关系。

MES 制造执行系统能够优化从订单投入到产品完成的生产活动所需的全部信息。其运用及时、准确的信息，指导、启动、响应并记录生产活动，从而能够对条件的变化做出迅速的反应，减少非增值活动，提高工厂运作过程的效率。MES 系统不但可以改善设备投资回报率，而且有助于加快库存周转、提高收益。

（二）MES 的四类九大模型

目前，MES 系统主要参照 ISA-95 标准，定义了 MES 系统集成时所用的术语和模型。

ISA-95 简称 S95，国外也称作 SP95。ISA-95 是企业系统与控制系统集成国际标准，由仪表、系统和自动化协会（ISA）在 1995 年投票通过。而 95 代表的是 ISA 的第 95 个标准项目。S95 中描述的生产对象模型根据功能可分为 4 类 9 大模型，即资源、能力、产品定义和生产计划 4 类。其中，资源包括人员、设备、材料和过程段对象；能力包括生产能力，过程段能力；产品定义包括产品定义信息；生产计划包括生产计划和生产性能，具体如表 7-2 所示。

表 7-2　MES 的四类九大模型

序号	模型	说明
1	人力资源模型	此模型专门定义人员和人员的等级，定义个人或成员组的技能和培训，定义个人的资质测试，定义结果和结果的有效时间段
2	设备资源模型	设备资源模型用于定义设备或设备等级，定义设备的描述，定义设备的能力，定义设备能力测试，测试结果和结果的有效时间段，定义和跟踪维护请求
3	材料资源模型	此模型专门定义材料或材料等级属性，对材料进行描述，定义和跟踪材料批量和子批量信息，定义和跟踪材料位置信息，定义材料的质量，保证测试标准，定义结果和结果的有效时间段
4	过程段（Process Segment）模型（包括过程段模型和过程段能力模型）	此模型专门定义过程段，提供过程段的描述，定义过程段使用的资源（个人，设备和材料），定义过程段的能力，定义过程段的执行顺序
5	生产能力模型	此模型对生产能力或其他信息进行描述，独一无二地对设备模型的特定生产单元定义生产能力，提供当前能力的状态（可用性，确认能力和超出能力），定义生产能力的位置，定义生产能力的物理层次（企业，生产厂，生产区域，生产单元……），定义生产能力的生命周期（起始时间，结束时间），对生产能力的发生日期归档
6	产品定义模型	产品定义模型用于专门定义产品的生产规则（配方，生产指令），并对此规则提供一个发布日期和版本，指定生产规则的时间段，提供生产规则及其他信息的描述，指定使用的材料表和材料路由，为生产规则指定产品段的需求（人员，设备和材料），指定产品段的执行顺序
7	生产计划模型	生产计划模型用于对特定产品的生产发出生产请求，并对请求提出一个唯一的标识，提供对生产计划以及相关信息的描述，提供生产计划请求的开始和结束时间，对生产计划发布的时间和日期归档，指出生产计划请求的位置和设备类型（生产厂、生产区域、过程单元、生产线……）
8	生产性能模型	生产性能模型根据生产计划请求的执行或某一个生产事件报告的生产结果，唯一地标识生产性能(包括版本和修订号)提供生产性能的描述和其他附加信息，识别相关的生产计划，提供实际的生产开始和结束时间，提供实际的资源使用情况，提供生产的位置信息，对生产性能发布的时间日期归档，提供生产产品设备的物理模型定义（生产厂、生产区域、过程单元、生产线……）

（三）MES执行系统的功能模块

MES系统由资源分配及状态管理、工序详细调度、生产单元分配、过程管理、人力资源管理、维修管理、计划管理、文档控制、生产的跟踪及历史、执行分析、数据采集等功能模块组成。MES是一个可自定义的制造管理系统，不同企业的工艺流程和管理需求可以通过现场定义实现。MES执行系统的功能模块，如表7-3所示。

表7-3　MES执行系统的功能模块

序号	功能模块	功能说明
1	资源分配及状态管理	（1）管理机床、工具、人员物料、其他设备以及其他生产实体，满足生产计划要求对其所作的预定和调度，用以保证生产的正常进行 （2）提供资源使用情况的历史记录和实时状态信息，确保设备能够正确安装和运转
2	工序详细调度	该功能模块提供与指定生产单元相关的优先级、属性、特征以及处方等，基于有限能力的调度，通过生产中的交错、重叠和并行操作来准确计算出设备上下料和调整时间，实现良好的作业顺序，最大限度地减少生产过程中的准备时间
3	生产单元分配	该功能模块以作业、订单、批量、成批和工作单等形式管理生产单元间的工作流。通过调整车间已制定的生产进度，对返修品和废品进行处理，用缓冲管理的方法控制任意位置的在制品数量。当车间有事件发生时，要提供一定顺序的调度信息并按此进行相关的实时操作
4	过程管理	该功能模块监控生产过程、自动纠正生产中的错误并向用户提供决策支持以提高生产效率。通过连续跟踪生产操作流程，在被监视和被控制的机器上实现一些比较底层的操作；通过报警功能，使车间人员能够及时察觉到出现超出允许误差的加工过程；通过数据采集接口，实现智能设备与制造执行系统之间的数据交换
5	人力资源管理	该功能模块为单位提供每个人的状态。将时间对比、出勤报告、行为跟踪及行为（包含资财及工具准备作业）作为基础的费用基准，实现对人力资源的间接行为的跟踪能力
6	维修管理	该功能模块为了提高生产和日常管理能力，对设备和工具的维修行为进行指示及跟踪，实现设备和工具的最佳利用效率
7	计划管理	该功能模块把焦点放在作业计划跟踪、监视、控制；根据当前的生产状况（能力、生产准备和在制任务等），生产准备条件（图纸、工装和材料等），以及项目的优先级别及计划完成时间等要求，合理制订生产加工计划，监督生产进度和执行状态

续表

序号	功能模块	功能说明
8	文档控制	该功能模块控制、管理并传递与生产单元有关的工作指令、配方、工程图纸、标准工艺规程、零件的数控加工程序、批量加工记录、工程更改通知以及各种转换操作间的通信记录,并提供了信息编辑及存储功能,可向操作者提供操作数据或向设备控制层提供生产配方等指令并下达给操作层,同时对其他重要数据(如与环境、健康和安全制度有关的数据以及ISO信息)的控制与完整性进行维护
9	生产的跟踪及历史	该功能模块可以看出作业的位置以及在什么地方完成作业,通过状态信息可了解谁在作业、供应商的资财、关联序号、现在的生产条件、警报状态及再作业后跟生产联系的其他事项
10	执行分析	该功能模块通过将实绩记录和预想结果做出比较分析,提供实际的作业运行结果报告。执行分析结果报告包含资源活用、资源可用性、生产单元的周期、日程遵守及标准遵守的测试值等信息
11	数据采集	该功能模块通过数据采集接口来获取并更新与生产管理功能相关的各种数据和参数,包括产品跟踪、维护产品历史记录以及其他参数。这些现场数据,可以从车间手工方式录入或由各种自动方式获取

四、办公自动化(OA)

(一)何谓OA办公自动化

办公自动化(Office Automation,OA)是在设备、通信逐步实现自动化的基础上,通过管理信息系统(Management Information System,MIS)的发展而兴起的一门综合性技术。它是将计算机网络与现代化办公相结合的一种新型办公方式,不仅可以实现办公事务的自动化处理,而且可以极大地提高个人或者群体办公事务的工作效率,为企业或部门机关的管理与决策提供科学的依据。

目前,办公自动化系统已成为包括计算机、通信、声像识别、数值计算及管理等多种技术的一个综合系统。计算机技术、通信技术、系统科学和行为科学被视为办公自动化的四项支撑,工作站(Work Station)和局域网络(Local Area Network)成了办公自动化的两大支柱。

(二)一体化OA系统的三个应用层次

事物级OA系统、信息管理级OA系统和决策支持级OA系统是广义的或完整的OA系统中的三个功能层次。三个功能层次间的相互联系可以由程序模块的调用和计算机数据网络通信手段完成。一体化的OA系统利用现代化的计算机网络通信系统把三个层次的OA系统集成一个完整的OA系统，使办公信息的流通更为合理，减少了许多不必要的重复输入信息的环节，提高了整个办公系统的效率。

一体化、网络化OA系统的优点是，不仅可使本单位内部办公信息的传递更为紧凑有效，而且也有利于和外界的信息沟通，使信息通信的范围更广，能更方便、快捷地建立远距离办公机构间的信息通信，而且有可能融入世界范围内的信息资源共享。

1. 第一个层次：事务型OA系统

事务型OA系统只限于单机或简单的小型局域网上文字处理、电子表格、数据库等辅助工具的应用。办公事务OA中，最为普遍的应用有文字处理、电子排版、电子表格处理、文件收发登记、电子文档管理、办公日程管理、财务统计、报表处理、个人数据库等。这些常用办公事务处理的应用可做成应用软件包，包内的不同应用程序之间可以互相调用或共享数据，以便提高办公事务处理的效率。这种办公事务处理软件包应具有通用性，以便扩大应用范围，提高利用价值。此外，在办公事务处理级上可以使用多种OA子系统，如电子出版系统、电子文档管理系统、智能化的中文检索系统（如全文检索系统）、光学汉字识别系统、汉语语音识别系统等。在公用服务业、公司经营业务等方面，使用计算机替代人工处理的工作日益增多，如订票、售票系统，柜台或窗口系统，银行业的储蓄业务系统等。事务型或业务型OA系统的功能都是处理日常的办公操作，是直接面向办公人员的。为了提高办公效率、改进办公质量、适应人们的办公习惯，应提供良好的办公操作环境。

2. 第二个层次：信息管理型OA系统

信息管理型OA系统，是把事务型（或业务型）办公系统和综合信息（数据库）紧密结合的一种一体化办公信息处理系统。综合数据库存放该有关单位日常工作所必需的信息。例如，政府机关的综合信息包括政策、法令、法规，有关上级政府和下属机构的公文、信函等政务信息；一些公用服务事业单位的综合数据库包括和服务项目有关的所有综合信息；企业单位的综合数据库包括工商法规、经营计划、市场动态、供销业务、库存统计、用户信息等。作为一个现代化的政府机关或企、事业单位，为了优化日常的工作，提高办公效率和质量，必须具备供本单位各个部门共享的综合数据库。这个数据库建立在事务级OA系统基础之上，构成信息管理型OA系统。

3.第三个层次：决策支持型OA系统

决策支持型OA系统建立在信息管理级OA系统的基础上。它使用由综合数据库系统提供的信息，针对需要做出决策的课题，构造或选用决策数字模型，并结合有关内部和外部的条件，由计算机执行决策程序，作出相应的决策。随着三大核心支柱技术：网络通信技术、计算机技术和数据库技术的成熟，世界上的OA系统已进入到新的层次，在新的层次中，OA系统有图7-5所示的四个特点。

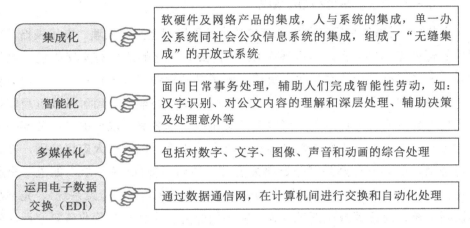

图7-5　决策支持型OA系统的四个特点

这个层次包括信息管理型OA系统和决策型OA系统。例如，子事务级OA系统称为普通办公自动化系统，而信息管理级OA系统和决策支持级OA系统称为高级办公自动化系统。

五、CRM客户关系管理系统

（一）何谓CRM客户关系管理系统

CRM是英文Customer Relationship Management 的缩写，中文为客户关系管理系统，是由全球最具权威的IT研究与顾问咨询公司Gartner Group提出来的，经过20多年的发展历程，CRM的技术已经处于成熟阶段，如今，CRM在研发、维护、安全保障技术上都达到了一定的高度。

（二）CRM 客户关系管理系统的基本功能

CRM 软件的基本功能包括客户管理、联系人管理、时间管理、潜在客户管理、销售管理、电话销售、营销管理、电话营销、客户服务等，有的软件还包括了呼叫中心、合作伙伴关系管理、商业智能、知识管理、电子商务等功能，具体描述如表 7-4 所示。

表 7-4　CRM 客户关系管理系统的基本功能

模块	目标	实现的主要功能
销售模块	提高销售过程的自动化和销售效果	（1）销售：这是销售模块的基础，用来帮助决策者管理销售业务，它的主要功能是额度管理、销售力量管理和地域管理 （2）现场销售管理：这是专为现场销售人员设计的，主要功能包括联系人和客户管理、机会管理、日程安排、佣金预测、报价、报告和分析 （3）现场销售/掌上工具：这是销售模块的新成员。该组件包含许多与现场销售组件相同的特性，不同的是，该组件使用的是掌上型计算设备 （4）电话销售：它可以进行报价生成、订单创建、联系人和客户管理等工作，还有一些针对电话商务的功能，如电话路由、呼入电话屏幕提示、潜在客户管理以及回应管理 （5）销售佣金：它允许销售经理创建和管理销售队伍的奖励和佣金计划，并帮助销售代表形象地了解各自的销售业绩
营销模块	对直接市场营销活动加以计划、执行、监视和分析	（1）营销：它使营销部门实时地跟踪活动的效果，执行和管理多样的、多渠道的营销活动 （2）其他功能：包括可帮助营销部门管理其营销资料、列表生成与管理、授权和许可、预算、回应管理
客户服务模块	提高那些与客户支持、现场服务和仓库修理相关的业务流程的自动化，并加以优化所要实现的主要功能	（1）服务：它可完成现场服务分配、现有客户管理、客户产品全生命周期管理、服务技术人员档案、地域管理等。通过与企业资源计划（ERP）的集成，可进行集中式的雇员定义、订单管理、后勤、部件管理、采购、质量管理、成本跟踪、发票、会计等 （2）合同：此部件主要用来创建和管理客户服务合同，从而保证客户获得的服务水平和质量与其支付的金额相当。它可以使企业跟踪保修单和合同的续订日期，利用事件功能表安排预防性的维护活动 ① 客户关怀：这个模块是客户与供应商联系的通路。此模块允许客户记录并自己解决问题，如联系人管理、客户动态档案、任务管理、基于规则解决重要问题等 ② 移动现场服务：无线部件使服务工程师能实时地获得关于服务、产品和客户的信息。同时，他们还可使用该组件与派遣总部进行联系

续表

模块	目标	实现的主要功能
呼叫中心模块	利用电话来促进销售、营销和服务	（1）电话管理员：主要包括呼入呼出电话处理、互联网回呼、呼叫中心运营管理、图形用户界面软件电话、应用系统弹出屏幕、友好电话转移、路由选择等 （2）开放连接服务：它支持绝大多数的自动排队机，如Lucent、Nortel、Aspect、Rockwell、Alcatel、Erisson等 （3）语音集成服务：它支持大部分交互式语音应答系统，可进行报表统计分析，提供了很多图形化分析报表，可进行呼叫时长分析、等候时长分析、呼入呼叫汇总分析、座席负载率分析、呼叫接失率分析、呼叫传送率分析、座席绩效对比分析等 （4）管理分析工具：进行实时的性能指数和趋势分析，将呼叫中心和座席的实际表现与设定的目标相比较，确定需要改进的区域 （5）代理执行服务：支持传真、打印机、电话和电子邮件等，自动将客户所需的信息和资料发给客户。可选用不同配置使发给客户的资料具有针对性 （6）自动拨号服务：管理所有的预拨电话，仅将接通的电话转到座席人员那里，节省了拨号时间 （7）市场活动支持服务：管理电话营销、电话销售、电话服务等 （8）呼入呼出调度管理：根据来电的数量和座席的服务水平为座席分配不同的呼入呼出电话，提高了客户服务水平和座席人员的生产率 （9）多渠道接入服务：提供与Internet和其他渠道的连接服务，充分利用话务员的工作间隙，收看E-mail、回信等
电子商务模块	帮助企业构建电子商务系统	（1）电子商店：此部件使企业能建立和维护基于互联网的店面，从而在网络上销售产品和服务 （2）电子营销：它与电子商店相联合，电子营销允许企业创建个性化的促销和产品建议，并通过Web向客户发出 （3）电子支付：它使企业能配置自己的支付处理方法。如电子货币与支付，利用这个模块，客户可在网上浏览和支付账单 （4）电子支持：它允许顾客提出和浏览服务请求、查询常见问题、检查订单状态。电子支持部件与呼叫中心联系在一起，具有电话回拨功能

（三）CRM系统的分类

CRM系统按照其功能可分为三类，即渠道型、操作型和分析型。

1. 渠道型CRM

渠道型CRM主要是指通过提高对客户服务请求的响应速度来提升客户满意

度的一套管理系统。在信息时代飞速发展的今天，客户除了通过传统的信件、电话传真或直接登门造访等形式与企业接触外，还会通过电子邮件（E-mail）、呼叫中心（Call-center）、互联网（Internet）等新兴的信息手段达到与企业进行信息交流、商品交换的目的。这就要求企业各部门提高对客户多种信息交换形式的响应速度和质量，将各部门对客户信息交流的需求统一在一个平台上，于是，渠道型CRM就应运而生了。值得一提的是，这里的客户是广义的客户，包括直接终端客户和企业的分销商。

2. 操作型CRM

操作型CRM是通过信息技术来帮助企业自身实现对客户资料管理、营销管理、销售环节管理、服务管理等环节的流程自动化，从而达到利用IT技术来提高企业的运营效率、降低企业运作成本的目的，最终实现企业利润最大化和利润的持续增长。

3. 分析型CRM

分析型CRM是在包括上述两种CRM功能的同时，更加强调CRM系统本身的分析功能。系统通过建立客户数据库、销售数据库、服务数据库等三个基本环节，将企业员工的行为、思想和企业文化充分融合，并通过对销售数据库的分析得到客户消费商品的款式、周期、金额等详细内容，以进一步了解企业的服务需求、周期等内容，对大量的客户信息进行最大限度的数据化、量化，从而能针对客户的实际需求制定相应的营销战略，开发出相应的产品和服务，更好地满足客户的需求，实现企业自身的价值——获取利润。

其实，不管是哪一类型的CRM，它都是在强调三个方面：其一，它强调的是"以客户为中心"，一切都从客户出发；其二，它强调的是一整套思想、一整套体系；其三，它强调的是通过维护好与客户的关系来创造利润。

六、CIMS 计算机集成制造系统

（一）何谓 CIMS 计算机集成制造系统

CIMS是英文Computer Integrated Manufacturing Systems的缩写，中文就是计算机集成制造系统。CIMS是通过计算机硬软件，并综合运用现代管理技术、制造技术、信息技术、自动化技术、系统工程技术，将企业生产全部过程中有关人、技术、经营管理的三要素与信息和物流有机集成并优化运行的复杂系统。

（二）CIMS的功能组成

CIMS是自动化程度不同的多个子系统的集成，如管理信息系统（MIS）、制造资源计划系统（MRPⅡ）、计算机辅助设计系统（CAD）、计算机辅助工艺设计系统（CAPP）、计算机辅助制造系统（CAM）、柔性制造系统（FMS），以及数控机床（NC，CNC）、机器人等。

（三）CIMS的关键技术

计算机集成制造系统是信息技术、先进的管理技术和制造技术在企业中的综合应用，按照CIMS将企业经营活动中销售、设计、管理、制造各个环节统一考虑，并在信息共享的基础上，实现功能集成。其内容包括管理信息系统（MIS）、工程设计集成系统（CAD/CAPP/CAM）、制造自动化系统（MAS/FMS）和质量管理系统（QMS）四个应用分系统，及数据库和网络两个技术支持系统。该系统在工业发达的国家起步较早，不少企业广泛应用了单元技术，但却形成了自动化孤岛，要在异构环境下把这些孤岛集成起来，技术上有很大难度。由此可见，CIMS的关键技术及核心是集成。

1. 共享数据库

网络和数据库是实现CIMS信息集成的支持工具，其中建立异构、分布、多库集成的数据库尤为关键。

（1）工程数据的集成

工程数据库的研制，是整个数据库系统的关键，它既要保证CAD、CAPP、CAM在集成环境下运行，又要为整个CIMS系统的集成提供必要的信息。

通常，专用的CAD数据库能管理CAD建立的图形文件及CAM建立的文本文件，但对设计过程中的参数缺乏有力的支持，无法从CAD产生的结果中提取CAPP需要的特征。为此，要在专用数据库中建立各种规范及基于加工的特征图谱，并开发与通用关系数据库的专用接口，形成CAD专用数据库和通用关系数据库共同管理的集成工程数据库。

（2）分布式数据的共享

CIMS工程中的各功能分系统分布在不同结点的异构计算机系统上，而且分布在各节点上的物理数据具有逻辑相关性。为使问题简单化，应尽量做到各结点在数据库上构成分布式的同构系统，除了参与本结点的局部应用外，还应通过网络参与全局应用。把数据存放在使用频率最高的结点，减少使用时的远地操作和长距离传送，从而改善响应时间，这也是进行数据分布设计的总原则。

分系统之间的信息共享机制取决于它们之间信息互访的途径。通常有远程查询和在远程结点建立副本两种途径。无论哪种途径，其共享执行机理都应由适当的执行指令和相应的存取控制机制组成。数据共享的安全控制，要考虑到在整个分布式数据库中设置两个层次的存取控制。一个是在各自结点上的存取控制，称为局部安全控制模式；另一个是结点间数据互访的存取控制，称为共享数据安全控制模式。

2.集成的CAD/CAPP/CAM

如何从CAD系统模型中获取CAPP所需的信息是目前研究CAD/CAPP集成的一个主要问题，也是CIMS集成的关键之一。现代商品化CAD软件虽然提供了良好的三维实体造型功能，并利用特征技术进行开发，但仅限于形状造型，其造型特征与输出数据难以被CAPP系统提取。因为CAPP的加工特征不同于CAD的造型特征，其造型特征侧重于实体，加工特征侧重于型面，少数特征还可建立对应关系，大部分加工特征在特征层上难以建立对应关系，不少加工特征须将造型特征按面分解重新组合。

不控制零件的造型过程，仅对其结果进行加工特征的自动识别与参数提取是一种希望达到的理想目标，加工特征的非标准与不确定使之难以实现。如何通过参数、参数类型、参数关系建立加工特征的识别算法则是关键所在。

加工特征的识别须从相应层上进行，有表7-5所示的三种方式。

表7-5　加工特征的识别方式

序号	识别方式	说明
1	UDF方式	即用户定义特征，其实质是将造型与加工特征从标准的角度统一起来，把一些符合一般设计标准又与某种加工特征有明确对应关系的型面同时生成CAPP所需的参数，以便于提取
2	AUTO方式	即自动识别方式，主要解决可以与造型特征建立对应关系又有明确识别规则的加工特征的识别与参数提取
3	SELECT方式	即通过已定义好的加工特征的图形化菜单，让用户按不同的加工特征用鼠标从零件模型上点取相应的型面支持菜单的一组程序，根据所选取的加工特征类型，自动从模型中提取相应的对数并进行类型检查与重复提取校核

3. 产品结构表（BOM）自动生成

在 CIMS 工程中，产品结构（BOM）是 CAD 产品设计的结果之一，也是管理信息系统（MIS）中主生产计划、物料需求计划、成本核算、物料管理等功能的主要信息依据。所以，要实现 CAD 和 MIS 之间信息共享，BOM 自动生成和传输是关键。

产品是现实世界中的复杂对象，由部件和零件组成，而部件又由分部件或零件组成，零件又可按其特征细化为基本件、标准件、外购件、焊接件等，由此形成了一个树状结构，如图 7-6 所示。

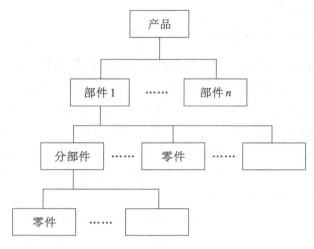

图 7-6　产品结构示意图

图中每个结点除了有物料号作为标识外，还包括三部分信息，即图形信息、特征信息、零部件的连接关系。特征信息构成了"物料"关系模式，零件的连接关系构成了"组合"关系模式。

为了使这些局部数据被整个 CIMS 共享，且支持全系统的各项活动，必须把存入在图形中的三个数据结构中的数据提升到全局层，构成"物料""组合"两个基表，以作为全局信息。对各节点工程图的张数进行判断，在多图情况下，则构成多张图的队列。接收模块把获得的全局信息分别插入"物料"表和"组合"表，然后对产品结构信息进行编辑，按产品、部件生成基本件、标准件、外购件明细的汇总表，从而实现了从 CAD 分系统中的产品结构（BOM）信息向 MRP 分系统传输的全过程。

七、CAD/CAM 计算机辅助设计与制造系统

（一）何谓 CAD/CAM 计算机辅助设计与制造系统

CAD 系统是以计算机硬件为基础，以系统软件和支撑软件为主体，以应用软件为核心组成的的面向工程设计问题的信息处理系统。

CAD（Computer Aided Design）是指工程技术人员以计算机为工具完成产品设计过程中的各项任务，如草图绘制、零件设计、装配设计、工装设计、工程分析等。

CAPP（Computer Aided Process Planning）是指工艺人员利用计算机，并根据产品制造的工艺要求，交互或自动地确定产品的加工方法和方案，如加工方法的选择、工艺路线和工序的设计等。

CAM（Computer Aided Manufacturing）即制造人员借助于计算机完成从生产准备到产品制造过程的各个环节与活动，如数控加工编程、制造过程控制、质量检测等。

（二）CAD/CAM 的基本功能

在 CAD/CAM 系统中，人们需要利用计算机完成产品结构描述、工程信息表达、工程信息的传输与转化、信息管理等工作。因此，CAD/CAM 系统应具备的基本功能，如表 7-6 所示。

表 7-6 CAD/CAM 系统的基本功能

序号	基本功能	说明
1	产品与过程的建模	运用计算机能够识别的数据（信息）来表达与描述产品。如产品形状结构的描述、产品加工特性的描述、有限元分析所需的网格及边界条件的描述等
2	图形与图像处理	在 CAD/CAM 系统中，图形图像仍然是产品形状与结构的主要表达形式，因此，如何在计算机中表达图形，对图形进行各种变换、编辑、消隐、光照等处理是 CAD/CAM 的基本功能
3	信息存储与管理	设计与制造过程会产生大量种类繁多的数据，如设计分析数据、工艺数据、制造数据、管理数据等。数据类型有图形图像、文字数字、声音、视频等；有结构化和非结构化的数据；有动态和静态数据等

续表

序号	基本功能	说明
4	工程分析与优化	计算体积、重心、转动惯量等，机构运动计算、动力学计算、数值计算，优化设计等
5	工程信息传输与交换	信息交换有CAD/CAM系统与其他系统的信息交换和同一CAD/CAM系统中不同功能模块的信息交换
6	模拟与仿真	为了检验产品的性能，往往需要对产品进行各种试验与测试，这需要专门的设备生产出样品，并具有破坏性、时间长、成本大等特征。通过建立产品或系统的数字化模式，采用计算机模拟技术可以解决这一问题。如加工轨迹仿真，机构运动仿真，工件、刀具和机床碰撞与干涉检验等
7	人机交互	数据输入、路线与方案的选择等，都需要人与计算机进行对话。人机对话交互的方式有软件界面与设备（键盘、鼠标等）
8	信息的输入与输出	信息的输入与输出有人机交互式输入输出与自动输入输出

CAD/CAM 的具体功能，如图7-7所示。

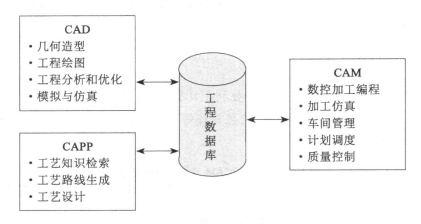

图 7-7　CAD/CAM 的具体功能

（三）CAD 系统的分类

随着计算机功能的提高和CAD技术的应用推广，目前各行业都相继建立了具有本行业特点的CAD系统。下面介绍一些典型的CAD系统。

1.信息检索型CAD系统

信息检索型CAD系统中，把已定型产品的图纸整理成标准图存入计算机，同时存入加工用的信息，当用户需要某种产品时，系统可按需要选择出标准规格的图纸；而当用户所给的初始参数不足时，系统可在同系列产品中，利用经验设计中的类比方法，选择计算出介于两种产品规格之间，满足初始要求的产品参数。信息检索型CAD系统的工作原理，如图7-8所示。

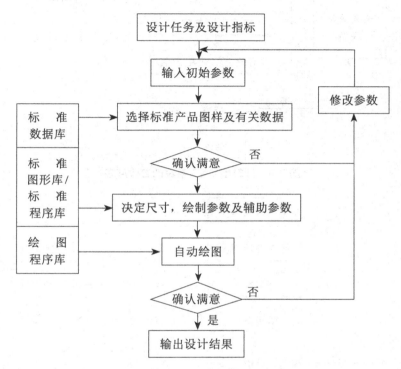

图 7-8　信息检索型 CAD 系统的工作原理

2. 计算型CAD系统

计算型CAD系统主要是通过优化分析计算，得到技术上和经济上均最优的设计方案。计算型CAD系统的工作原理，如图7-9所示。

3. 人机交互型CAD系统

人机交互型系统是利用输入、输出设备，通过人机对话的方式工作的。

由于产品的设计是一个设计、分析、计算、显示、修改，不断反复的过程，计算机不能代替人的全部思维活动，因此，交互式系统是将人的创造性与计算机特性充分结合的系统，是现代CAD应用系统的主要类型，适合于新产品的设计、开发工作。人机交互型CAD系统的工作原理，如图7-10所示。

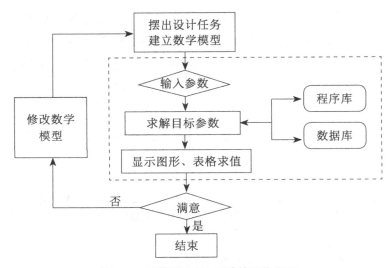

图 7-9 计算型 CAD 系统的工作原理

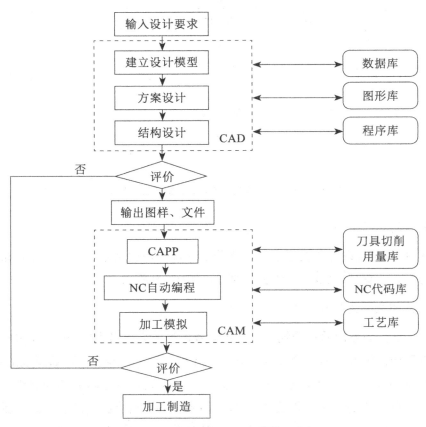

图 7-10 人机交互型 CAD 系统的工作原理

4.智能型专家系统

智能型专家系统是在CAD系统中引入人工智能技术。

首先搜集领域内专家的知识和经验，建立知识库；其次是设置推理机构，在求解问题时，模仿人类专家进行思维与决策；在系统运行时，输入原始参数及设计要求，系统检索知识库，根据搜索与待解决问题总是相匹配的规则，通过推理机的推理、判断或模拟人的智慧，给出智能性的提示，并建议解决问题的途径和推荐解决方案。智能型专家系统的工作原理，如图7-11所示。

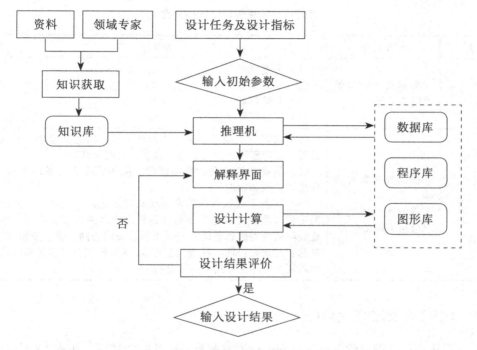

图 7-11　智能型专家系统的工作原理

八、项目管理软件

（一）何谓项目管理软件

项目管理是为了使工作项目能够按照预定的需求、成本、进度、质量顺利完成，而对人员（People）、产品（Product）、过程（Process）和项目（Project）进行的分析和管理活动。

项目管理软件就是应用于项目管理，帮助项目经理提升效率的软件，主要有工程项目管理软件和非工程项目管理软件两大分类。国外项目管理软件有：Oracle 公司的 Primavera P6、Artemis 公司 Artemis Viewer、NIKU 公司的 Open Workbench、Welcom 公司的 OpenPlan 等软件。

（二）项目管理软件的分类

项目管理软件可以根据不同的方法来进行分类，如表 7-7 所示。

表 7-7 项目管理软件的分类

序号	分类方法	类别
1	根据管理对象的不同来分类	（1）进度管理 （2）合同管理 （3）风险管理 （4）投资管理等软件
2	根据提高管理效率、数据/信息共享等方面功能的实现层次不同来分类	（1）实现一个或多个项目的管理手段，如进度管理、质量管理、合同管理、费用管理，或者它们的组合等 （2）具备进度管理、费用管理、风险管理等方面的分析、预测以及预警功能 （3）实现了项目管理的网络化和虚拟化，实现了基于 Web 的项目管理软件甚至企业级项目管理软件或者信息系统。企业级项目管理信息系统有利于项目管理的协同工作、数据/信息的实时动态管理，并提供与企业/项目管理有关的各类信息库对项目管理工作给予在线支持

（三）项目管理软件的特征

尽管项目管理软件有许多类别，但通常都有一些共同的特征，如表 7-8 所示。

表 7-8 项目管理软件的特征

序号	特征	说明
1	预算及成本控制	大部分项目管理软件系统都可以用来获得项目中各项活动、资源的有关情况。人员的工资可以按小时、加班或一次性来计算，也可以具体明确到期支付日；对于原材料，可以确定一次性或持续成本；对各种材料，可以设立相应的会计和预算代码。另外，还可以利用用户自定义公式来运行成本函数。大部分软件程序都利用这一信息来帮助计算项目成本，并在项目过程中跟踪费用。项目过程中，随时可以就单个资源、团队资源或整个项目的实际成本与预算成本进行对比分析，

续表

序号	特征	说明
1	预算及成本控制	而且在计划和汇报工作中都要用到这一信息。大多数软件程序可以随时显示并打印每项任务、每种资源（人员、机器等）或整个项目的费用情况
2	电子邮件	一些项目管理软件程序的共同特征是可以通过电子邮件发送项目信息。这一功能使用户不必通过打印机或屏幕显示，而是直接从电子邮件中获得信息。通过电子邮件，项目团队成员可以了解项目的重大变化，比如最新的项目计划或进度计划，还可以掌握当前的项目工作情况，也可以发出各种业务表格
3	日程表	日程表程序主要用来对项目中各个单项资源或一组资源确定工作时间。可以用这些日程表计算出项目的进度计划。大部分系统软件都对基本工作时间设置一个默认值，比如星期一到星期五，早上8点到下午5点，中间有一小时的午餐时间。对于各个单项资源或一组资源，可以修改此日程表。例如，修改上、下班时间，按非工作时间输入公司假期，输入各种换班（白天、夜晚），包括节假日以及数量单位（小时、天、周）。汇报工作进程时要用到这些日程表，通常可以根据每个单项资源按天、周或月将日程表打印出来，或者将整个项目的日程打印成一份全面的，可能有墙壁大的项目日程表
4	图形	能在最新数据资料的基础上简便、迅速地制作各种图表，包括甘特图及网络图。有了基准计划后，任何修改就可以轻易地输入到系统中，图表自动会反映出这些改变。项目管理软件可以将甘特图中的任务连接起来，显示出工作流程。特别是用户可以仅用一个命令就在甘特图和网络图之间来回转换显示。另外，图形和表格通常有以下功能供用户使用： （1）进行任务和关系的交互式操作处理。例如，通过图表连接任务，改变优先关系，或通过扩展活动持续显示功能来改变活动持续时间 （2）定制格式，例如图形大小、标题、颜色、字型以及文件布局 （3）显示任务或成本的基准对照表 （4）突出关键路径，显示出任何活动的延缓 （5）放大或缩小显示图像
5	转入/转出资料	许多项目管理软件包允许用户从其他应用程序，比如文字处理、电子表格以及数据库程序中获得信息。为项目管理软件输入信息的过程叫作转入。例如，你只需在需要时转入某个电子表格的信息就可以了，而大可不必将电子表格中有关人员或机器的成本信息重新键入项目管理软件程序，因为那样可能会输入相互冲突或错误的资料。同样地，常常也要把项目管理软件的一些信息输入到这些应用程序中去。发出信息的过程叫做转出。例如，把对某一承包商的进度计划报告转出到文字处理备注文件中。绝大部分项目管理软件程序允许把标准ASC II码中的信息文件从Windows Clipboard转出到SQL database，Lotus，Excel，Microsoft Project Exchange，OLE client/server，DDE client/server以及一些其他系统中

续表

序号	特征	说明
6	处理项目	有些项目规模很大，需要分成较小的任务集合或子项目；另一种情况是经验丰富的项目经理同时管理好几个项目，而且，团队成员也同时为多个项目工作，在多个项目中分派工作时间。在这种情况下，大部分项目管理软件程序能提供帮助。它们通常可以将多个项目储存在不同的文件里，而且这些文件相互连接。项目管理软件也能在同一个文件中储存多个项目，同时处理几百个甚至几千个项目，并绘制出甘特图和网络图
7	制作报表	大多数项目管理软件包都有非常广泛的报表功能。下面列出一些可制作的报表内容： （1）项目全面汇报报表 （2）项目主要阶段（里程碑）报表 （3）一定时期内的各种信息。例如，这一时期内完成和正在进行的任务，以及准备开始的任务 （4）财务报表，显示全面的信息。包括所有任务、整个项目预算、超支情况、累计预算成本、实际成本以及承付款项 （5）成本/进度控制系统准则报表 （6）对项目的各种或一组资源进行资源配置报表 （7）定制的标准报表、交叉报表、变量基准对比表
8	资源管理	目前的项目管理软件都有一份资源清单，列明各种资源的名称、资源可以利用时间的极限、资源标准及过时率、资源的收益方法和文本说明。每种资源都可以配一个代码和一份成员个人的计划日程表，对每种资源加以约束，比如可被利用的时间数量。用户可以按百分比为任务配置资源，设定资源配置的优先标准，为同一任务分配各个资源，并保持对每项资源的备注和说明。系统能突出显示并帮助修正不合理配置，调整和修匀资源配置。大部分软件包可以为项目处理数以千计的资源
9	计划	在所有项目管理软件包中，用户都能界定需要进行的活动。正如软件通常能维护资源清单，它也能维护一个活动或任务清单。用户可对每项任务选取一个标题、起始与结束日期、总结评价，以及预计工期（包括按各种计时标准的乐观、最可能及悲观估计），并明确与其他任务的先后顺序关系以及负责人。通常，项目管理软件中的项目会有几千个相关任务。另外，大部分程序可以创建工作分析结构，来协助完成计划工作
10	进度安排	在实际工作中，项目规模往往比较大，人工进行进度安排活动就显得极为复杂。项目管理软件包能为进度安排工作提供广泛的支持，而且一般是自动化的。大部分系统能根据任务和资源清单以及所有相关信息制作甘特图及网络图，对于这些清单的任何变化，进度安排会自动反映出来。此外，用户还能调度重复任务，制定进度安排任务的优先顺序，进行反向进度安排（从末期到日首期），确定工作轮班、调度占用时间、调度任务；确定最晚开始或最早开始时间，明确任务必须开始或必须结束的日期，或者是最早、最晚日期

续表

序号	特征	说明
11	保密	项目管理软件一个相对新颖的特点是安全性。一些系统对项目管理包自身、单个项目文件、项目文件中的基本信息（例如工资）均设有口令密码
12	项目监督及跟踪	项目管理的一项基本工作是对工作进程、实际费用和实际资源耗用进行跟踪管理。大部分项目管理软件包允许用户确定一个基准计划，并就实际进程及成本与基准计划里的相应部分进行比较。大部分系统能跟踪许多活动，如进行中或已完成的任务、相关的费用、所用的时间、起止日期、实际投入或花费的资金、耗用的资源，以及剩余的工期、资源和费用。关于这些监督和跟踪特征，管理软件包有许多报告格式
13	排序及筛选	利用排序，用户可以按随心所欲的顺序来浏览信息，比如从高到低的工资率，按字母顺序的资源名称或任务名称。大部分程序有各种排序方式（例如，按名、姓等）。筛选功能帮助用户选择出符合具体准则的一些资源。例如，某些任务要用到某种具体资源，用户如果想了解这些任务的有关信息，只需命令软件程序忽略未使用的任务，只把用到这种资源的任务显示出来就可以了
14	假设分析	项目管理软件一个非常实用的特点是进行假设分析。用户可以利用这一特点来探讨各种情形的效果。在某一项目的一些节点上，用户可以向系统询问："如果拖延一周，会有什么结果？"系统会自动计算出延迟对整个项目的影响，并显示出结果。例如，某个建筑项目，要研究木材消耗率上升15%将发生什么结果，承包商只要把这一变化输入计算机，所有的相关费用成本就能显示出来。几乎可以对项目中的所有变量（人员、工资率、成本）进行测试，并观察发生具体情况的影响。这种分析能使项目经理更好地控制有关项目的各种风险

九、SCM 供应链管理系统

（一）何谓 SCM 供应链管理

SCM（Supply Chain Management 的缩写）供应链管理是一种集成的管理思想和方法，它执行供应链中从供应商到最终用户的物流计划和控制等职能。从单一的企业角度来看，SCM 是指企业通过改善上、下游供应链关系，整合和优化供应链中的信息流、物流、资金流，以获得企业的竞争优势。

供应链管理是企业的有效性管理，表现了企业在战略和战术上对企业整个作业流程的优化。其整合并优化了供应商、制造商、零售商的业务效率，使商品以正确的数量、正确的品质、在正确的地点、以正确的时间、以最佳的成本进行生产和销售。

SCM就是对企业供应链的管理，即对供应、需求、原材料采购、市场、生产、库存、订单、分销发货等的管理，包括了从生产到发货、从供应商的供应商到顾客的顾客的每一个环节。

（二）SCM供应链管理的意义

通过建立供应商与制造商之间的战略合作关系，可以达到以下目标：

1. 对于制造商（买主）

降低成本（降低合同成本）、实现数量折扣和稳定而有竞争力的价格、提高产品质量、降低库存水平、改善时间管理、缩短交货提前期、提高可靠性、优化面向工艺的企业规划、提供更好的产品设计、提高对产品变化的反应速度、强化数据信息的获取和管理控制。

2. 对于供应商（卖主）

保证有稳定的市场需求、对用户需求更好地了解/理解、提高运作质量、提高零部件生产质量、降低生产成本、提高对买主交货期改变的反应速度和柔性、获得更高的（比非战略合作关系的供应商）利润。

3. 对于买卖双方

改善相互之间的交流、实现共同的期望和目标、共担风险和共享利益、共同参与产品和工艺开发，实现相互之间的工艺集成、技术和物理集成，减少外在因素的影响及其造成的风险、降低机会主义影响和投机概率、增强解决矛盾和冲突的能力，在订单、生产、运输上实现规模效益以降低成本、减少管理成本、提高资产利用率。

（三）SCM供应链管理系统的功能模块

SCM系统应按照过程进行供应链组织间的计划、执行与控制，其核心是整个供应链和供应网络的优化以及贯穿于整个供应链的计划的实现。SCM系统涉及从订单输入到产品交付，再到制造业务流程的整个过程，包括预测、供应链和生产计划、需求和分销管理、运输计划预计等各种业务形式。不同企业设计的 SCM 系统功能模块是不一样的，以下介绍某企业 SCM 系统的核心功能模块，如表 7-9 所示。

表 7-9　SCM 系统的核心功能模块

序号	核心功能模块	说明
1	基础信息	基础信息模块涵盖物料信息、供应商信息、作业类型、仓库信息管理、仓管员信息管理等
2	采购管理	采购管理模块涵盖物料采购管理、采购订单管理、采购订单变更、采购退货管理等
3	供应商管理	供应商管理模块涵盖供应商信息、供应商考核信息、供货比例设置、物料更新信息等
4	库存管理	库存管理模块涵盖基础设置、期初数据、入库管理、出库管理、调拨管理、存量查询、账本查询、储蓄分析、库存盘点管理等。可根据行业要求、企业管理的特点、定义系统参数，构建所需的库存模块
5	财务管理	财务管理模块涵盖供应商对账管理、费用预算、常用的财务统计报表、应付款管理以及发票管理等。其中报表管理模块涵盖供应商供货查询，以供应商所供的货物为维度，展示供应商的物料报价信息，如订单数量、库存信息、采购订单执行查询、请购计划执行查询、库存台账查询、库存盘点综合查询、应付执行查询
6	销售管理	销售管理模块涵盖销售自动化、销售机会管理、销售预测、计划和目标制定、回款跟进管理、销售的统计查询和报表等。销售管理模块以订单为核心，对企业销售业务的执行过程进行跟踪和管理
7	市场管理	市场管理模块涵盖市场活动管理、市场信息管理、竞争对手分析、市场渠道管理等
8	服务管理	服务管理模块涵盖客户服务工作自动化、与呼叫中心集成、合作伙伴入口、客户服务知识库、客户反馈管理、一对一服务等
9	订单管理	订单管理模块涵盖订单统计报表、订单处理流程控制、退货管理、报价管理、报价邀请、动态报价过程等
10	质量管理	质量管理模块涵盖质量控制的实现、采购产品的验收等
11	产品设计	产品设计模块涵盖产品和样品的设计、产品设计和打样过程等
12	仓储物流管理	仓储物流管理模块涵盖产品的存储管理、库存管理和物流管理等
13	自定义表单	自定义表单模块涵盖自定义流程表单、自定义数据表单、自定义电子表格表单、使用自定义明细表、自定义字段扩展等

续表

序号	核心功能模块	说明
14	合同管理	合同管理模块涵盖合同档案管理、合同审批、汇签流程。采购合同管理对企业物品、劳务等多种采购合同进行管理。SCM系统不仅对根据采购订单签订的多种合同进行详尽的多层次管理，而且对签订合同的执行状态进行跟踪，为采购管理提供准确和详细的统计、分析信息，以实现对合同履行的全程控制和管理
15	工作任务	工作任务模块涵盖工作流程控制、督办和跟催、工作总结报告、工作办理过程记录和报告、工作日志、工作质量评估等
16	资产管理	资产管理模块涵盖企业资产管理、设备管理、办公用品管理等
17	个人工具	个人工具模块涵盖用户界面自定义、个人工作平台、个人资料设置、个人笔记、支持单点登录服务等
18	系统后台	系统后台模块涵盖系统权限设置和管理、部门管理、成员管理、项目团队管理、成员集合、数据备份、系统日志管理、数据导入导出工具、系统参数设置、个性化设置等内容。系统权限主要包括：组织访问权限、菜单访问权限、系统功能使用权限
19	其他模块	含有邮件管理、密码恢复、加密文档恢复等功能

十、WMS 智能仓储管理系统

智能仓库管理系统（WMS）已经普遍应用于制造业、分销业及公共仓库业务中。在制造业方面，仓库管理系统以仓库作业技术的整合为主要目标，使库存成为流水线的一个流动环节，也使流水线成为库存操作的一个组成部分。

WMS 系统不但包含了正常的出入库、盘点等库存管理基本功能，重点还可以实现仓库作业过程的管理。通过条码及 PDA 等技术手段，可对仓储中的作业动作及过程进行指导和规范，可自动采集及记录相关数据，提高作业的准确性、速度，增加仓库管理的效率、透明度、真实度，降低仓储管理成本，从而提高企业的生产力和物流效率。

（一）WMS 系统的优势

WMS 系统可以独立执行库存操作，也可以实现物流仓储与企业运营、生产、采购、销售智能化集成，还可为企业提供更为完整的物流管理流程和财务管理信息。具体来说,智能仓库WMS系统在实现仓储物流智能化管理业务上具有5个优势,见图7-12。

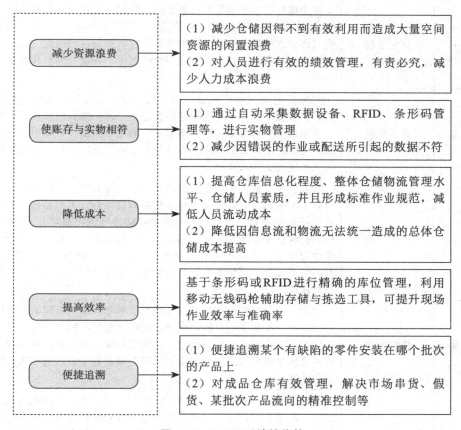

图 7-12　WMS 系统的优势

（二）WMS系统可实现的功能

WMS系统能控制并跟踪仓库业务的物流和成本管理全过程,从而实现完善的企业仓储信息管理。该系统可以独立执行库存操作,也可与其他系统的单据和凭证等结合使用,提供更为全面的企业业务流程和财务管理信息。WMS一般具有以下几个功能模块:管理单独订单处理及库存控制、基本信息管理、货物物流管理、信息报表、收货管理、拣选管理、盘点管理、移库管理、打印管理和后台服务系统。以下提供某制造企业WMS系统的基本功能供读者了解,如表7-10所示。

表 7-10 某制造企业 WMS 系统的基本功能

序号	功能模块	功能说明
1	货位管理	采用数据收集器读取产品条形码，查询产品在货位的具体位置（如 X 产品在 A 货区 B 航道 C 货位），以实现产品的全方位管理。通过终端或数据收集器实时地查看货位货量的存储情况、空间大小及产品的最大容量，来管理货仓的区域、容量、体积和装备限度等
2	产品质检	产成品包装完成并粘贴条码之后，运到仓库暂存区由质检部门进行检验，质检部门对检验不合格的产品扫描其包装条码，并在采集器上作出相应记录，检验完毕后把采集器与计算机进行连接，把数据上传到系统中；对合格产品则生成质检单，由仓库保管人员执行生产入库操作
3	产品入库	从系统中下载入库任务到采集器中，入库时扫描其中一件产品包装上的条码，在采集器上输入相应数量，扫描货位条码（如果入库任务中指定了货位，则采集器自动进行货位核对），采集完毕后把数据上传到系统中，系统自动对数据进行处理，并在数据库中记录此次入库的品种、数量、入库人员、质检人员、货位、产品生产日期、班组等所有必要信息，系统会对相应货位的产品进行累加
4	物料配送	根据不同货位生成的配料清单包含了非常详尽的配料信息，如配料时间、配料工位、配料明细、配料数量等，相关保管人员在拣货时可以根据这些条码信息自动形成预警，对错误配料的明细和数量信息都可以进行预警提示，极大地提高了仓库管理人员的工作效率
5	产品出库	产品出库时仓库保管人员凭销售部门的提货单，根据先入先出原则，从系统中找出相应产品数据并下载到采集器中，制定出库任务后，到指定的货位，先扫描货位条码（如果货位错误则采集器进行报警），然后扫描其中一件产品的条码。如果满足出库任务条件，则输入数量执行出库，并核对或记录运输单位及车辆信息（以便以后产品跟踪及追溯使用），否则采集器可报警提示
6	仓库退货	根据实际退货情况，扫描退货物品条码，导入系统生成退货单，确认后生成退货明细和账务核算等
7	仓库盘点	根据公司制度，在系统中根据要进行盘点的仓库、品种等条件制定盘点任务，然后把盘点信息下载到采集器中，仓库工作人员通过到指定区域扫描产品条码输入数量的方式进行盘点，采集完毕后把数据上传到系统中，生成盘点报表
8	库存预警	仓库环节可以根据企业实际情况为仓库总量、每个品种设置上下警戒线，当库存数量接近或超出警戒线时，系统进行报警提示，企业应及时进行生产、销售等的调整，以优化企业的生产和库存

续表

序号	功能模块	功能说明
9	质量追溯	此环节的数据准确性与之前的各种操作有密切关系。可根据各种属性，如生产日期、品种、生产班组、质检人员、批次等对相关产品的流向进行每个信息点的跟踪；同时也可以根据相关产品属性、操作点信息对产品进行向上追溯。信息查询与分析报表在此系统基础上，可根据需要设置多个客户端，为不同的部门设定不同的权限，无论是生产部门、质检部门、销售部门、领导决策部门，都可以根据所赋权限在第一时间内查询到相关生产、库存、销售等的各种可靠信息，并可进行数据分析。同时也可生成并打印所规定格式的报表
10	业务批次管理	该功能提供完善的物料批次信息、批次管理设置、批号编码规则设置、日常业务处理、报表查询，以及库存管理等综合批次管理功能，使企业进一步完善批次管理，满足经营管理的需求
11	保质期管理	在批次管理的基础上，针对物料提供保质期管理及到期存货预警，以满足食品和医药行业的保质期管理需求。用户可以设置保质期物料名称、录入初始数据、处理日常单据，以及查询即时库存和报表等
12	质量检验管理	集成质量管理功能是与采购、仓库、生产等环节的相关功能，可实现对物料的质量控制，包括购货检验、完工检验和库存抽检3种质量检验业务。同时为仓库系统提供质量检验模块、综合处理与质量检验业务相关的检验单、质检方案和质检报表，包括设置质检方案检验单、质检业务报表等业务资料，以及查询质检报表等
13	即时库存智能管理	该功能用来查询当前物料即时库存数量和其他相关信息，库存更新控制功能随时更新当前库存数量，查看方式如下： （1）所有仓库、仓位、物料和批次的数量信息 （2）当前物料在仓库和仓位中的库存情况 （3）当前仓库中物料的库存情况 （4）当前物料的各批次在仓库和仓位中的库存情况 （5）当前仓库及当前仓位中的物料库存情况
14	赠品管理	该功能实现了赠品管理的全面解决方案，包括赠品仓库设置、连属单据定义、赠品单据设置、定义业务单据联系、日常业务流程处理，以及报表查询等功能
15	虚仓管理	仓库不仅指具有实物形态的场地或建筑物，还包括不具有仓库实体形态，但代行仓库部分功能且代表物料不同管理方式的虚仓。仓库管理设置待检仓、代管仓和赠品仓等3种虚仓形式，并提供专门单据和报表来综合管理虚仓业务

续表

序号	功能模块	功能说明
16	仓位管理	该功能在仓库中增加了仓位属性，同时进行仓位管理，来丰富仓库信息、提高库存管理质量，主要包括基础资料设置、仓库仓位设置、初始数据录入、日常业务处理和即时库存查询等
17	业务资料联查	单据关联（包括上拉式和下推式关联）是工业供需链业务流程的基础，体现了单据联查查询业务流程中的单据关系。在仓库系统中提供了单据、凭证、账簿、报表的全面关联，以及动态连续查询功能
18	多级审核管理	多级审核管理是对多级审核、审核人、审核权限和审核效果等进行授权的工作平台，也是采用多角度、多级别及顺序审核处理业务单据的管理方法。它体现了工作流管理的思路，属于ERP系统中用户授权性质的基本管理设置
19	系统参数设置	该功能初始设置业务操作的基本业务信息和操作规则，包括设置系统参数、单据编码规则、打印及单据类型等，可帮助用户把握业务操作规范和运作控制
20	波次计划（WAVE）	将多个订单合成一个订单，或将一个大订单拆分成多个小订单。主要用来提高拣货效率

第八章

全员持续改善

引言：

全员参与可以激发员工向团队贡献力量，让每个员工都能成为合作团队中具有创造性的成员。企业最普通的全员持续改善方法主要有CIS企业形象识别系统、BPR业务流程重组、TQM全面质量管理、TPM全员生产维修、标杆管理、知识管理、提案改善制度等方面。

第一节　BPR业务流程重组

一、何谓 BPR 业务流程重组

BPR业务流程重组，英文全称为Business Process Reengineering（以下简称BPR），是指通过资源整合、资源优化，最大限度地满足企业和供应链管理体系高速发展需要的一种方法。

二、BPR 的核心内容

在BPR定义中，根本性、彻底性、戏剧性和业务流程成为备受关注的四个核心内容，具体如表8-1所示。

表 8-1　BPR 的核心内容

序号	核心内容	说明
1	根本性	根本性再思考表明业务流程重组所关注的是企业核心问题，如"我们为什么要做现在这项工作""为什么要采用这种方式来完成这项工作""为什么必须由我们而不是别人来做这项工作"等。通过对这些企业运营最根本性问题的思考，企业将会发现自己赖以生存或运营的商业假设是过时的，甚至是错误的
2	彻底性	彻底性再设计表明业务流程重组应对事物进行追根溯源。对自己已经存在的事物不是进行肤浅的改变或调整性修补完善，而是抛弃所有的陈规陋习，并且无须考虑一切已规定好的结构与过程，要创新完成工作的方法，重新构建企业业务流程，而不是改良、增强或调整
3	戏剧性	戏剧性改善表明业务流程重组追求的不是一般意义上的业绩提升或略有改善、稍有好转等，而是要使企业业绩有显著的增长、极大的飞跃和戏剧性的变化，这也是流程重组工作的特点和取得成功的标志
4	业务流程	流程就是以从订单到交货或提供服务的一连串作业活动为着眼点，跨越不同职能与部门的分界线，从整体流程、整体优化的角度来考虑与分析问题，识别流程中的增值和非增值业务活动，剔除非增值活动，重新组合增值活动，优化作业过程，缩短交货周期

三、业务流程重组关注的要点

业务流程重组关注的要点是企业的业务流程,并围绕业务流程展开重组工作,业务流程是指一组共同为顾客创造价值而又相互关联的活动。

乔·佩帕德和菲利浦·罗兰(J.Peppard & P.Rowland)于1999年提出了组织业务流程的三层次划分方法。他们认为,在考察组织的流程时,应首先定义一组基本的高层流程,且这些高层流程适用于各类组织。组织的业务流程可分为三类,如表8-2所示。

表 8-2　组织业务流程的分类

序号	类别	说明
1	战略流程（strategic processes）	用以规划和开拓组织未来的流程,包括战略规划、产品或服务开发、新流程开发等
2	经营流程（operational processes）	用以实现组织日常功能的流程,如赢得顾客、满足顾客、顾客支持、收付款等
3	保障流程（enabling processes）	为战略流程和经营流程提供保障的流程,如人力资源管理、会计管理、信息管理系统等

上述三个组织流程中的各个环节可以向下分解,具体划分为下一层次的流程,后者还可以继续分解,直至到达完成具体的单项任务的操作流程。

与乔·佩帕德和菲利浦·罗兰的三层次划分法相似的是安东尼理论,其根据企业经营管理层次将业务流程分为三种类型,即战略计划层、管理控制层、操作执行层。

四、实施业务流程重组的原则

业务流程重组是对现行业务运行方式的再思考和再设计,应遵循的基本原则如表8-3所示。

表 8-3　实施业务流程重组的原则

序号	类别	说明
1	以企业目标为导向调整组织结构	在传统管理模式下,劳动分工使各部门具有特定的职能,同一时间只能由一个部门完成某项业务的一部分。业务流程重组则打破了职能部门的界限,由一个人或一个工作组来完成业务的所有步骤。随着市场竞争的加剧,企业需要通过重组为顾客提供更好的服务,并将业务流程重组作为发展业务和拓宽市场的机会

续表

序号	类别	说明
2	让执行工作者有决策的权力	在ERP系统的支持下,让执行者有工作所需的决策权,可消除信息传输过程中的延时和误差,并对执行者有激励作用
3	取得高层领导的参与和支持	高层领导持续性的参与和明确的支持能明显提高业务流程重组成功的概率。因为业务流程重组是一项跨功能的工程,是改变企业模式和人的思维方式的变革,必然对员工及其工作产生较大影响。特别是业务流程重组常常伴随着权力和利益的转移,有时会引起一些人,尤其是中层领导的抵制,如果没有高层领导的明确支持,则很难推行
4	选择适当的流程进行重组	在一般情况下,企业有许多不同的业务部门,一次性重组会导致所有业务超出企业的承受能力。因此,在实施业务流程重组之前,要选择好重组的对象。应该选择那些可能获得阶段性收益或者是对实现企业战略目标有重要影响的关键流程作为重组对象,这样会使人们尽早地看到成果,在企业中营造乐观、积极参与变革的气氛,并能减少人们的恐惧心理,从而促进业务流程重组在企业中的推广
5	建立通畅的交流渠道	从企业决定实施业务流程重组开始,企业管理层与员工之间就要不断交流。管理层要向员工宣传业务流程重组带来的机会,如实说明业务流程重组对组织机构和工作方式的影响,尤其是对他们自身岗位的影响及企业所采取的相应解决措施,尽量取得员工的理解与支持。如果隐瞒可能存在的威胁,有可能引起企业内部动荡不安,从而使可能的威胁成为现实

五、业务流程重组的时机选择

企业并不总需要进行彻底的重建。实施业务流程重组虽是高收益的项目,但也伴随着巨大的风险,因此必须明确企业重建的动机,并选择企业重建的最佳时机。通常在以下三种情况下可以考虑进行业务流程重组:

(一)新技术、新手段的应用,特别是ERP等信息化手段的应用

业务流程的重组在很大程度上取决于现代化信息技术的应用水平,当然实施业务流程重组并不是单纯的现代信息技术的应用,更是一种思维方式的转变。通过现代信息技术实现资源、知识的共享,可以节省很多数据的重复采集,在业务流程上必然会发生很大的变化,这时必须对现有流程进行重组,以实现组织目标。

（二）外部经营环境发生重大变化，不利于本企业的继续经营

在全球化的市场中存在着三种因素，即顾客、变革和竞争（简称3C），使企业的外部经营环境处于极大的不稳定状态，具体如表8-4所示。

表 8-4　3C 因素

序号	类别	说明
1	顾客（Customer）	市场的主导权已转入顾客手中，这使市场由卖方市场变为买方市场，顾客选择商品的余地大为扩展。因此，怎样使顾客满意，就成为企业的奋斗目标和一切工作的归宿
2	变革（Change）	市场需求多变、科技进步日新月异、产品生命周期不断缩短，这些变化已成为不可阻挡的潮流，促使企业加快变革步伐
3	竞争（Competition）	仅凭借物美价廉的商品就能在竞争中稳操胜券的简单竞争方式已被多层面的竞争方式——T（按合同及时交货或新产品上市时间）、Q（质量）、C（成本）、S（售前咨询服务及售后维护、升值服务）所取代。谁能提供独占性的产品和一流的服务，谁就能够赢得竞争。市场占有率已成为评判企业是否具有竞争力的最集中的体现

以上三种因素使企业家和管理学家认识到，一个企业要想适应外界环境的迅速变化，要想在激烈的竞争中求生存、求发展，就不仅要采用先进的科学技术，而且要尽快地改变与现代化生产经营不相适应的管理方法，并建立起便于对外部环境变化作出灵活反应的管理机制和组织结构。

（三）基于股东权益进行的业务重组

为了应对变革和股东对企业要求的不断提高，很多企业被迫进行裁员。裁员是有效降低人工成本的手段，但对企业来说，员工减少了，任务量不一定会减少。企业应该对业务流程进行重新整合，以保证实现企业发展的目标。

六、企业内部 BPR 的原则

业务流程重组能够为企业创造优化的业务流程，提升企业的核心竞争力，业务流程重组过程中的重点工作，就是要消除价值传递链中的非增值活动和调整核心增值活动，其要遵循的原则，如图8-1所示。

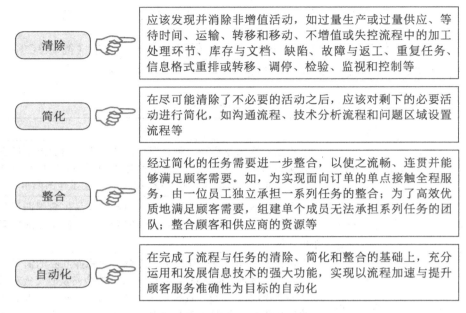

图 8-1 企业内部 BPR 的四大原则

通常，重组之后的业务流程将呈现以下特点：组织扁平化，决策权下放或外移；审核与控制明显减少；取消装配线式的工作环节；同步工作代替了顺序工作方式；通才或专案员主导型的工作方式；管理者的工作职责转变为指导、帮助和支持。

七、企业业务重组的流程与相关活动

企业业务重组流程工作的开展通常分计划和启动、调查研究及发现、设计、审批、实施、后续工作等阶段，各个阶段的相关活动，如表 8-5 所示。

表 8-5 企业业务重组的流程与相关活动

阶段	相关活动
计划和启动	（1）识别准备变革的关键业务，并评估不进行变革所产生的结果 （2）识别重组的关键流程 （3）任命高级主管并成立专门委员会 （4）获得高层管理人员对业务重组项目的支持 （5）准备一份项目计划书：定义项目范围，确定可以量化的目标，精心挑选的实施方法以及详细的项目进度计划

续表

阶段	相关活动
计划和启动	（6）与高层管理人员在项目的目标和范围上取得一致 （7）经过挑选的业务重组小组 （8）精心挑选的咨询顾问或外部专家 （9）排除会议干扰 （10）向小组主管传达项目目标，并开始与（企业）组织进行沟通 （11）训练业务重组小组 （12）开始（业务）变更管理行动，并有一个精心准备的沟通（交流）计划
调查研究及发现	（1）对其他公司进行基础性的研究 （2）通过与客户面谈，由核心小组识别当前需求及未来需求 （3）与员工及管理人员交流以了解业务实际，并通过头脑风暴法获取业务变更的灵感 （4）研究相关著作及期刊以了解行业发展趋势，并寻找最佳实践方法 （5）在一个较高的层次记录"As-Is"流程及相关数据，并寻找差距 （6）回顾技术改造及可选项 （7）与委员会主管及关键的高层管理人员交流
设计	（1）创新设想（头脑风暴法、灵机一动）、创造性思维 （2）进行"如果——那么"设想，借鉴其他企业的成功经验 （3）由领域专家形成3～5个模型，吸收不同模型的长处形成综合模型 （4）建立理想的流程场景 （5）定义新的流程模型，并用流程图描述这些流程 （6）设计与新流程相适应的组织结构模型 （7）定义技术需求，选择能够支持新流程的平台
审批	（1）代价与收益分析报告、明确的投资回报 （2）对客户及员工影响的评估；对竞争地位变化的评估 （3）为高级管理人员准备实际案例 （4）争取评估，以向委员会和高级管理人员展示并获得批准（项目实施）
实施	（1）业务流程及组织模型的详细设计；详细定义新的任务角色 （2）开发支撑系统 （3）实施的导航方案及小范围的实验 （4）与员工就新的方案进行沟通；制订并实施变更管理计划 （5）制订阶段性实施计划并实施 （6）制订新业务流程和系统的培训计划，并对员工进行培训
后续工作	（1）定义关键的衡量标准以进行周期性地评估 （2）评估新流程的效果 （3）对新流程实施持续改进方案 （4）向委员会和高层管理人员发表最终报告，并获得认可

第二节　TQM全面质量管理

一、何谓 TQM 全面质量管理

TQM 是 Total Quality Management 的缩写，中文意思是全面质量管理，是指企业全体员工及有关部门同心协力，把专业技术、经营管理、数理统计和思想教育结合起来，建立起产品的研究、设计、生产（作业）、服务等全过程的质量体系，从而有效地利用人力、物力、财力、信息等资源，提供符合规定要求和用户期望的产品或服务。

（一）进行 TQM 全面质量管理的益处

TQM 能够在全球获得广泛的应用与发展，与其自身所实现的功能是密不可分的。总的来说，TQM 可以为企业带来如下益处：

（1）缩短总运转周期。
（2）降低质量所需的成本。
（3）缩短库存周转时间。
（4）提高生产率。
（5）追求企业利益和成功。
（6）使顾客完全满意。
（7）最大限度获取利润。

（二）全面质量管理的特点

TQM 具有很多特点，以下是其显著特点：
（1）拓宽管理跨度，增进组织纵向交流。
（2）减少劳动分工，促进跨职能团队合作。
（3）实行"防检结合，预防为主"的方针，强调企业活动的可测性和可审核性。
（4）最大限度地向下委派权利和职责，确保对顾客需求的变化做出迅速而持续的反应。

（5）优化资源利用，降低各个环节的生产成本。

（6）追求质量效益，实施名牌战略，获取长期竞争优势。

（7）焦点从技术手段转向组织管理，强调职责的重要性。

（8）不断对员工实施培训，营造持续质量改进的文化，塑造不断学习、改进与提高的文化氛围。

（三）全面质量管理必须要做到"三全"

全面质量管理必须要做到"三全"，如图8-2所示。

内容与方法的全面性	全过程控制	全员性
不仅要着眼于产品的质量，而且要注重形成产品的工作质量，还要注重采用多种方法和技术，包括科学的组织管理工作、各种专业技术、数理统计方法、成本分析、售后服务等	即对市场调查、研究开发、设计、生产准备、采购、生产制造、包装、检验、储存、运输、销售、为用户服务等全过程都进行质量管理	即企业全体人员包括领导人员、工程技术人员、管理人员和工人等都参与质量管理，并对产品质量各负其责

图 8-2　全面质量管理的三全

二、全面质量管理的内容

全面质量管理的内容主要包括：

（一）产品设计过程的质量管理

设计试制过程是指产品（包括未开发的新产品和改进后的老产品）正式投产前的全部开发研制过程，包括调查研究、方案论证、产品设计、工艺设计、产品试制、试验、鉴定以及标准化工作等内容。

（二）生产制造过程的质量管理

当产品经过设计、试制的阶段后正式投入生产，生产制造过程的质量水平直接影响着产品最后的质量。因此，这一阶段的质量管理工作，如表8-6所示。

表 8-6　生产制造过程的质量管理工作

序号	工作项目	说明
1	加强工艺管理	企业应该严格工艺纪律，全面提高生产制造过程的质量保证能力，使生产制造过程经常处于稳定的控制状态，并不断进行技术革新，改进工艺
2	加强技术检验	为了保证产品质量，必须根据技术标准，对原材料、在制品、半成品、成品以至工艺过程的质量都要进行检验，并保证做到不合格的原材料不投产，不合格的制品不转序，不合格的半成品不使用，不合格的零件不装配，不合格的成品不出厂
3	加强不合格品管理	（1）制定不合格品处理的标准，建立健全原始记录制度 （2）定期召开不合格品分析会议。通过分析研究，找出造成不合格品的原因，并采取措施 （3）做好不合格品的统计分析工作，并根据有关质量的原始记录，对不合格品中的废品、返修品等进行分类统计 （4）建立不合格品技术档案，以便发现和掌握废品产生和变化的规律性，从而为有计划地采取防范措施提供依据 （5）加强工序质量控制。全面质量管理要求在不合格品发生之前，及时发现并处理问题，以防止不合格品发生，为此，必须加强工序质量控制

（三）辅助生产过程的质量管理

除了进行基本生产过程的质量管理以外，为实现预定的质量目标，保证基本生产过程的正常进行，还必须加强对辅助生产过程的质量管理。辅助生产过程的质量管理，一般包括：物料供应的质量管理、工具供应的质量管理和设备维修的质量管理等。

（四）产品使用过程的质量管理

产品的使用过程是考验产品真实质量的过程，它既是企业质量管理的归宿点，又是企业质量管理的出发点。产品的质量特性是根据客户的使用要求而设计的，产品真实质量的好坏要靠客户评价。因此，企业的质量管理工作必须从生产过程延伸到使用过程。

产品使用过程的质量管理，主要应做好以下几项工作：

（1）加强技术支持、服务工作，及时有效地解决客户的技术困难。

（2）注意调查客户的使用效果和使用要求，及时收集信息，为提高质量提供依据。

（3）妥善处理产品质量纠纷，及时了解客户反映的意见，如果确实存在制造问题，应及时修理、更换，以保护客户权益，创造良好的信誉。

三、全面质量管理的推行要点

具体推行过程中需注意的要点，如图8-3所示。

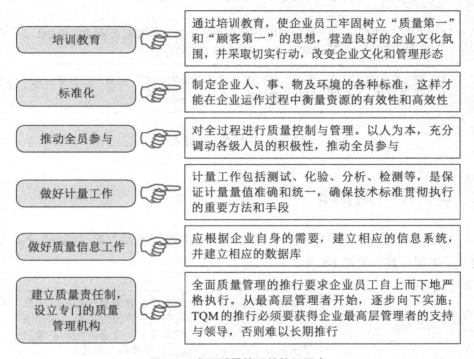

图8-3 全面质量管理的推行要点

第三节 TPM全员生产维修

TPM是英文Total Productive Management的缩写，中文意思是全员生产维修，这是在20世纪70年代提出的。TPM是以提高设备综合效率为目标，以全系统的预防维修为过程，以全体人员参与为基础的设备保养和维修管理体系。TnPM，即全员规范生产维护，是对TPM的继承、延续和创新。

一、TPM 的特点

TPM 的特点就是三个"全",即全效率、全系统和全员参加,具体如图 8-4 所示。

图 8-4　TPM 的三全特点

二、TPM 的目标

TPM 的目标可以概括为四个"零",即停机为零、废品为零、事故为零、速度损失为零,具体如图 8-5 所示。

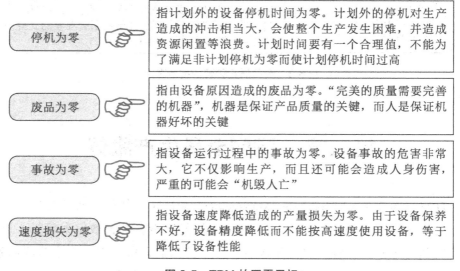

图 8-5　TPM 的四零目标

三、TPM 的理论基础

TPM 以丰富的理论为基础,是各种现代理论在企业生产中的综合运用。其理论基础可以用图 8-6 表示。

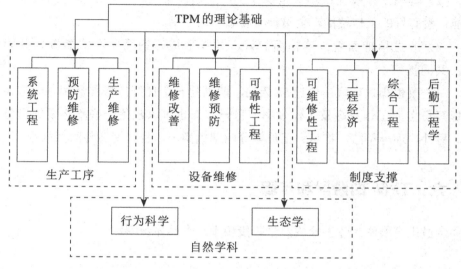

图 8-6 TPM 的理论基础

四、TPM 给企业带来的效益

TPM 给企业带来的效益体现在产品成本、质量、生产率、库存周期、安全与环境保护以及员工的劳动情绪等方面,如图 8-7 所示。

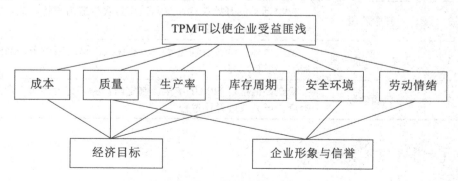

图 8-7 TPM 给企业带来的效益

五、推行 TPM 的要素

推行 TPM 要从三大要素上下功夫,这三大要素是:

(1)提高工作技能:不管是操作工,还是设备工程师,都要努力提高工作技能,没有好的工作技能,全员参与将是一句空话。

(2)改进精神面貌:精神面貌好,才能形成好的团队,才能做到共同促进,共同提高。

(3)改善操作环境:通过 5S 活动,能创建一个良好的操作环境,一方面可以提高员工的工作兴趣及工作效率,另一方面也可以避免一些不必要的设备事故。另外,现场整洁,物料、工具等分门别类摆放,也可使调整时间缩短。

六、TPM 的阶段和步骤

全员生产维修大体上分成四个阶段和十二个具体步骤。

(一)四个阶段

全员生产维修的四个阶段的主要工作和作用,如表 8-7 所示。

表 8-7 四个阶段的主要工作和作用

序号	阶段	主要工作和作用
1	准备阶段	引进 TPM 计划,创造一个适宜的环境和氛围,这就和产品的设计阶段一样
2	开始阶段	TPM 活动的开始仪式,可通过广告宣传造出声势。这就相当于下达产品生产任务书
3	实施、推进阶段	制定目标,落实各项措施,步步深入。这就相当于产品的加工、组装过程
4	巩固阶段	检查评估推行 TPM 的结果,制定新目标。这就相当于产品检查、产品改进设计过程

(二)十二个具体步骤

全员生产维修的十二个具体步骤,如表 8-8 所示。

表 8-8 十二个具体步骤

阶段	步骤	主要内容
准备阶段	1.领导层宣传引进TPM的决心	通过领导讲演宣布TPM开始,并表示决心
	2.TPM引进宣传和人员培训	按不同层次组织培训,可利用投影宣传教育
	3.建立TPM推进机构	成立各级TPM推进委员会和专业组织
	4.制定TPM基本方针和目标	找出基准点和设定目标结果
	5.制订TPM推进总计划	计划从TPM引进开始到最后评估为止
开始阶段	6.TPM正式起步	举行仪式,召开会议,请订货、协作等相关公司参加,宣布TPM正式开始
实施推进阶段	7.提高设备综合效率措施	选定典型设备,由专业指导小组协助攻关
	8.建立自主维修体制	步骤、方式及诊断方法
	9.维修部门建立维修计划	定期维修、预知维修、备品、工具、图纸及施工管理
实施推进阶段	10.提高操作和维修技能的培训	分层次进行各种技能培训
	11.建立前期设备管理体制	维修预防设计、早期管理程序、寿命周期费用评估
巩固阶段	12.总结提高,全面推行TPM	总结评估,接受生产维修审查,制定更高的目标

七、TPM 活动中各层次的角色

TPM活动中各层次的角色,如表8-9所示。

表 8-9 TPM 活动中各层次的角色

序号	层次	角色
1	高层	(1) 批准投资计划 (2) 人、财、物预算
2	中层	(1) 领导协调小组活动 (2) 制订详细的执行计划 (3) 调度资源 (4) 评价执行效果 (5) 控制执行预算
3	基层	(1) 严格执行计划,反馈现场信息 (2) 控制现场秩序

八、TPM展开的八个支柱

TPM展开的八个支柱，如图8-8所示。

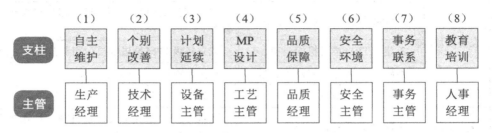

图8-8　TPM展开的八个支柱

第四节　QCC活动

一、QCC品管圈的基本精神和目的

QCC的英文全称为Quality Control Cycle，中文意思是"品管圈"。QCC是指同一工作现场的人员自动、自发地进行品质控制活动所组成的小组。这些小组作为全公司品质控制活动的一环，在自我启发及相互启发的原则下，灵活运用各种统计方法，以全员参加的方式，不断地进行改善及管理自己工作现场的活动，也就是"品管圈活动"。简单地说，品管圈活动就是工作性质相同的同事，共同发挥能力，改善本身工作的活动。品管圈活动的基本精神和目的，如图8-9所示。

二、QCC品管圈的建立

（一）明确QCC小组的组建三原则

QCC组建时，应坚持员工自愿参加、自愿结合、自愿组合的原则。

只有坚持三个"自愿"，才能提高QCC的凝聚力，引发QCC成员的自动力，从而使QCC自觉地开展卓越有成效的活动。如果仅靠行政指令建圈，一是违背

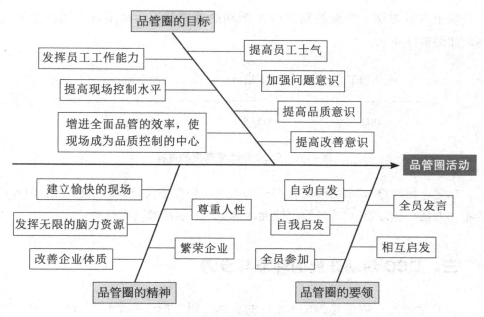

图 8-9 品管圈活动的基本精神和目的

了三项原则，会导致成员对小组活动不热心、不关心；二是易使 QCC 活动流于形式。这样的结果不仅解决不了质量问题，反而有碍企业进步。

凡由各车间、各部门组建的 QCC，均应强调"三自愿"。在解决企业重大问题或需跨车间、跨部门协作才能完成的课题时，可以采用行政指令组建 QCC。但在吸收 QCC 成员时，仍然要尊重员工意愿，坚持自愿参加的原则。

（二）QCC 的组建方法

QCC 的组建方法有三种，如图 8-10 所示。

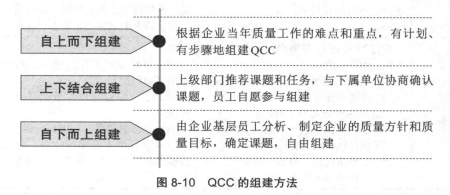

图 8-10 QCC 的组建方法

以上三种方法，一般是随着QCC活动的成熟情况，从不自主到自主的过程，如图8-11所示。

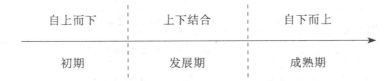

图 8-11　QCC 活动成熟度的过程

总之，组建QCC小组时应依据三原则，并根据企业自身的情况，选择QCC的组建方法，激发QCC成员的积极性，自觉地开展品质改进活动。

三、QCC活动开展的环节与步骤

QCC活动的开展就是PDCA循环的具体应用，把这四个环节分解开来，就形成了QCC活动的八个具体步骤，如表8-10所示。

表 8-10　QCC 活动开展的环节与步骤

步骤	说明	注意事项
确定选题	QCC小组活动能否取得成功，选题恰当与否十分重要。选题一般来自工作中的问题，这些问题涉及效率、品质、浪费、成本	（1）选题要合适和实用，避免大而空 （2）课题要先易后难 （3）选题要具体明确 （4）选题要有依有据，来源合理
调查分析	调查分析的目的是，通过一系列统计和分析手段，掌握必要的材料和数据，找出产品品质问题的原因，同时也为确定目标值打下基础	（1）注意调查的客观性，调查的情况要真实可靠 （2）注意调查的时间性，起止时间至少有一端要被QCC小组活动时间所覆盖，若离得太远就不准确、不可靠 （3）调查的对象必须是主要问题
设定目标值	设定目标值应利用5W2H方法，回答以下七个问题： （1）为什么要制定这一措施（Why） （2）要达到什么目标（What） （3）什么时候完成（When） （4）在哪儿执行这一措施（Where） （5）怎样执行这一措施（How） （6）谁来执行这一措施（Who） （7）需花费多少资源（How much）	（1）目标值应从实际出发，目的是解决实际问题 （2）不要怕目标值太低或觉得不值得做 （3）目标值明确并和课题一致 （4）目标值不要定得太多。每次的目标值最好定1个，最多不超过2个

续表

步骤	说明	注意事项
确定主要原因	在调查分析的基础上，对初步确定的主要原因进行验证和进一步筛选，确定问题的最终要因	确定要因常见的方法有：排列图法、实验验证法（用小范围的实践或观察来验证主要原因）、投票法、技术分析法（从技术理论上推导分析）
制订对策计划	确定要因后，要针对要因采取相应措施，并拟定一份对策计划表。计划表的内容包括：需改善的项目、问题和现状、设定的目标值、对策措施、对策措施负责人、预定完成时间	（1）对策措施应具体可行，能实施和检查 （2）对策应由不同组员提出和承担，做到全员参与，不能只由少数人负责
实施对策计划	（1）对策措施的责任人应负起指导的责任，并控制实施过程 （2）对策措施的实施应取得相关人员的了解，并对相关人员进行教育培训	（1）严格按照对策计划行事 （2）保持经常性和全员性 （3）对策实施过程中会产生新问题，原先拟订的对策中也可能有无法实施的情况。此时，就应及时修改对策，经小组成员讨论后，再进行实施
检查实施效果	检查的目的是确认实施的效果。通过活动前后的对比即可以看出活动的效果	（1）检查效果时要注意： • 用数据和事实说话 • 进行多层次、多方位、多种方法的对比 • 对于某些特定指标的检查，应邀请职能部门的代表参加 （2）如果检查发现未获得预期效果，则应将对策重新检讨，必要时再回到"调查分析"的步骤，耐心地重新进行一次PDCA的管理循环
制定巩固措施	巩固措施的目的是防止问题再发生。把活动中有效的实施措施纳入有关管理技术和文件之中，实施标准化管理，防止质量问题再次出现	如果作业方式有所改变，就应组织培训，使员工掌握改变后的作业方式

总之，QCC小组组建完成之后要着手开展QCC的活动，在开展活动的过程中要按照PDCA管理循环稳步前进，认真地制订对策计划，并在实施时检查评价，不断向品质目标迈进。

四、QCC的工作成果发表

QCC成果发表是QCC活动的一大特点，成果发表可以提高员工总结能力和讲演能力；也可以交流经验、互相启发、共同提高，增强集体的参与意识，提高企业全体员工的凝聚力。在QCC成果发表的过程中要做好以下工作：

（一）做好发表准备

发表的准备工作包括：

（1）推选发表人。

（2）演练（自己练习、组内练习、集体练习）。

（3）制定评审方案。

（4）组织评审小组。

（5）组织初评成果材料。

（二）确定成果发表形式

目前QCC发表的形式可归纳为以下几种：

1.现场发表型

这种形式在中小型企业或大型企业的分厂、车间、工段采用的较多。由于大家对产品、工艺、设备等情况都有大体的了解，只要稍作介绍，听众就会领会，因此没有必要介绍每一个活动细节。可根据小组的成果报告和平时检查了解的情况，先认证其真实性和可靠性，再发表主要内容。发表方式有三种，如表8-11所示。

表8-11 现场发表型发表的形式

序号	发表形式	说明
1	实物对比发表式	与改进前后的实物产品、设备或工艺等进行对比，介绍改进的理由、过程和效果
2	活动阶段重点发表式	由小组介绍PDCA循环一个或两个阶段的情况，不用介绍全过程，只将他们做法中体会最深的内容介绍出来即可。这样每个成果都具有特色，且发表时间短，内容又突出
3	集体发表式	即由小组全体或部分成员分别介绍个人在活动中的做法和体会。或一个人讲一个阶段的情况，全部衔接起来就是一个完整的成果

2.大会发表型

由于成果发表组织的目的不同，参加的小组数量不同，因此，大会发表是必不可少的形式，但由于组织者的目的不同，发表的形式也会不相同，如表8-12所示。

表 8-12　大会发表型发表的形式

序号	发表形式	说明
1	评选表彰式	此种形式的目的是评选表彰优秀小组，并向上级推荐。可采取下级推荐、本级认可、重点评审、评委选拔、大会表彰、公布向上级推荐的结果、领导授奖等方式。这种做法将大量工作放在会前，只需两个小时就可结束会议
2	发表分析式	可由评委按评价标准对上报的成果材料分别审查打分，并综合评价其优缺点。从评委会研究确定入选的材料中，确定几个有倾向性、代表性、有特色的成果作为案例分析发表，并由评委逐个评价
3	专家群众结合式	为提高群众基础和评选的公正性，可采取候选小组发表、评委打分定名次、会议代表投票决定的专家群众结合的方式。对群众选票中75%或以上当选小组要给予一定的奖励
4	交流经验式	即会前下发成果报告，让大家审阅，会上由小组代表结合成果报告介绍活动的做法和体会，听众可就成果中的问题提问，与小组代表一起探讨
5	文娱发表式	在服务行业，小组可将自己成果的内容编成小品，由一人介绍多人表演，并配合一些轻音乐，在愉快的气氛中交流

总之，QCC活动是全员集体参与的活动，在进行一定时间后，要发布工作成果，鼓舞员工士气，提高员工的积极性。只有这样才能保持QCC活动的持续发展，使之成为企业品质管理中的重要内容。

五、促进 QCC 活动成功推行的方法

QCC活动是品质改进的重要措施，它推行的成功与否直接影响着企业品质改进的效果，企业应采用适当的促进措施，将QCC活动在企业中成功推行下去。

（一）大力加强培训

QCC活动是否广泛，QCC活动水平是否能不断提高，除了对员工的文化、技术教育外，还取决于对员工质量意识、问题意识和改进意识的教育，以及质量管理知识和方法的教育。要把教育作为开展活动的先行工作来抓，并贯穿活动的全过程。企业要把质量教育纳入员工培训计划中，QCC活动培训的注意事项，如图8-12所示。

```
┌─ 分层举办各种类型的学习 ─┐      ┌─ 要注意教育的针对性和有效性 ─┐
```

对中层以上管理人员开办重点培训班；对技术管理人员开办深化提高班；对班组长和广大员工进行普及。也可以由公司培训管理人员、质量管理专（兼）职骨干；由部门/车间培训一般管理人员和职能人员及员工	既要对不同类型的小组学习内容有所区别，也要根据课题的不同，预先学习需要讲解的内容

图 8-12　QCC 活动培训的两大注意事项

（二）管理者以身作则

企业的管理者要重视和支持企业主管部门开展 QCC 活动，有条件的管理者可亲自参加，亲自发表成果，并亲自抓下一级的工作。做到层层抓，才能带动各级管理人员和员工参加的积极性。

（三）完善管理

完善管理从以下两个方面着手，如表 8-13 所示。

表 8-13　完善管理的两大措施

序号	管理措施	说明
1	建立必要的管理制度	要建立必要的制度以保证 QCC 活动管理程序和活动程序的标准化和程序化。目前企业所建立的基本办法有《QCC 活动措施细则》《QCC 活动奖励措施》。在企业的年度计划里还要规定一些 QCC 活动的要求，如：年度里企业级、部门级召开几次成果发表会，有关专（兼）职人员多长时间指导、检查一次小组活动的情况等
2	加强日常活动管理	（1）活动管理首先是课题管理，对课题管理要做到三看、三落实、三强调 ① 看选题是否合理，落实课题类型，强调课题的针对性 ② 看课题是否制定了目标，落实目标的可能性，强调目标的先进性 ③ 看课题的活动计划，落实课题完成预计时间，强调活动的有效性 （2）抓日常活动的指导检查，做到经常抓、抓经常，及时帮助小组总结发表，落实激励政策

（四）做到五个结合

推广 QCC 活动要做到五个结合，如表 8-14 所示。

表 8-14　五个结合

序号	结合的类型	说明
1	QCC 活动与班组建设相结合	在实施 QCC 活动时，要把班组完成上级下达的各项指标的难点和薄弱环节与小组的选题结合起来。要把班组升级、争先进的管理问题与小组的选题结合起来。要把班组的管理经验同科学的管理方法结合起来，使班组管理水平不断提高
2	QCC 活动与合理化建议相结合	在 QCC 活动中，特别是在制订措施计划时，应该积极开展合理化建议活动。可以采取小组成员个人提出的方式，也要鼓励小组成员两三个人集体提出
3	QCC 活动与方针目标相结合	每个企业都要制定企业的方针目标或每年的工作重点，并层层展开，直至班组和个人。现场型 QCC 经常活跃在班组。通过上一级的目标找出班组的问题点，再确定班组目标，制定班组的对策，并以 QCC 活动的形式加以解决
4	QCC 活动与素养建设相结合	开展 QCC 活动创造了物质成果，与此同时更要注意做好个人工作，要和培养精神风貌、职业道德、社会风尚、思想品德结合起来
5	QCC 活动与专业管理相结合	专业管理部门要强调质量职能的落实，要为 QCC 活动提供有针对性的课题。专业部门和管理部门要把开展 QCC 活动，及改进管理方法和关键问题结合起来，使 QCC 活动成为以专业管理为主的活动，逐步形成专业管理战线，成立全员性品质管理网络

总之，开展 QCC 活动并不是短期的行为，要想使 QCC 真正深入人心，并得以有效推行，需要企业采取一些有效的促进措施，以真正达到企业开展 QCC 的目的。

第五节　5S 活动

5S 是指整理（Seiri）、整顿（Seiton）、清扫（Seiso）、清洁（Seiketsu）、素养（Shitsuke）等五个项目，因日语的罗马拼音均为"S"开头，所以简称为 5S。开展以整理、整顿、清扫、清洁和素养为内容的活动，称为"5S"活动。

一、5S 的起源

5S 最早起源于日本，它是指在生产现场中对人员、机器、材料、方法等生产要素进行有效的管理。5S 是日式企业独特的一种管理办法。

1955 年，日本 5S 的宣传口号为"安全始于整理整顿，终于整理整顿"，当时只推行了前 2S，其目的仅是确保作业空间和安全。后因生产控制和质量控制的需要而逐步提出后续的 3S，即"清扫""清洁""素养"，从而使其应用空间及适用范围进一步拓展。

1986 年，第一部 5S 著作问世后，对整个现场管理模式起到了巨大的冲击作用，并由此掀起了 5S 热潮。由于 5S 对塑造企业形象、降低成本、准时交货、安全生产、高度标准化、创造令人心怡的工作场所等现场改善方面有着巨大作用，逐渐被各国管理界所认同。随着世界经济的发展，5S 现已成为工厂管理的一股新潮流。

二、5S 的定义与目的

（一）5S 的定义与目的

5S 的定义与目的，如表 8-15 所示。

表 8-15　5S 的定义与目的

	定义	目的
1S——整理	区分"要"与"不要"的东西，对"不要"的东西进行处理	腾出空间，提高生产效率
2S——整顿	要的东西按规定定位、定量摆放整齐，明确标示	消除寻找的浪费
3S——清扫	清除工作场所内的脏污，设备异常要马上修理，并防止污染的发生	使不足、缺点明显化，是品质的基础
4S——清洁	将上面 3S 的实施制度化、规范化，并维持效果	通过制度化来维持成果，并显现"异常"之所在
5S——素养（又称修养、心灵美）	人人按规定行事，养成好习惯	提升"人的品质"，人人养成对任何工作都持认真态度的良好习惯

（二）五个S的关系

整理、整顿、清扫、清洁、素养，这五个S并不是各自独立、互不相关的。它们之间是一种相辅相成、缺一不可的关系。整理是整顿的基础，整顿又是整理的巩固，清扫是显现整理、整顿的效果，而通过清洁和素养，则使企业形成一个所谓整体的改善氛围，具体如图8-13所示。

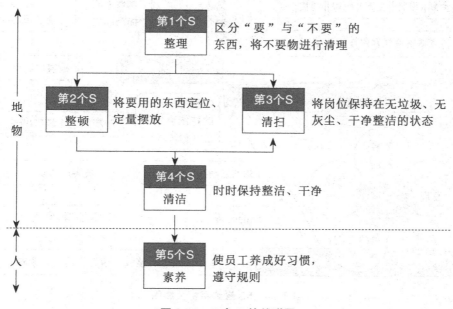

图8-13　5个S的关联图

（三）5S的最终目标

5S的最终目标是塑造企业形象、降低成本、准时交货、安全生产、提升品质、高度标准化、创造令人心怡的工作场所，如图8-14所示。

三、5S与各管理系统的关系

5S是管理的基础，是管理合理化的前提，是推行ISO 9000的结晶，是PDCA持续改善的第一步。公司的任何活动，如果有了5S的推动，就能收到事半功倍的效果。

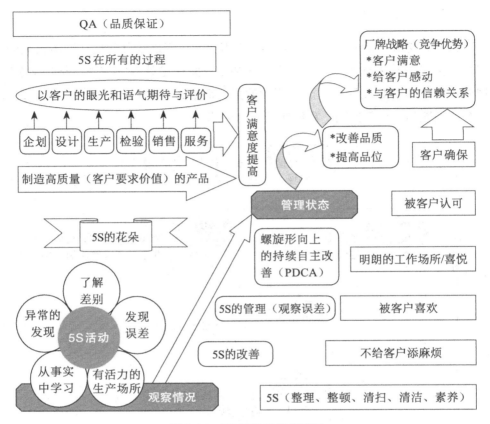

图 8-14　5S 最终目标关联图

（一）5S 与管理合理化的关系

合理化就是改善。如果所采用的过程和方法均符合客观规律，就能够以最低的投入（如金钱、劳力、脑力活动）和最高的效率（最少时间），获得最大的收益和最好的质量（产品的质量、工作的质量、服务的质量）。因为世上没有最好，所以合理化（改善）是没有止境的。

5S 与管理合理化的关系，如图 8-15 所示。

（二）5S 与企业改善的关系

5S 与企业改善的关系，如表 8-16 所示。

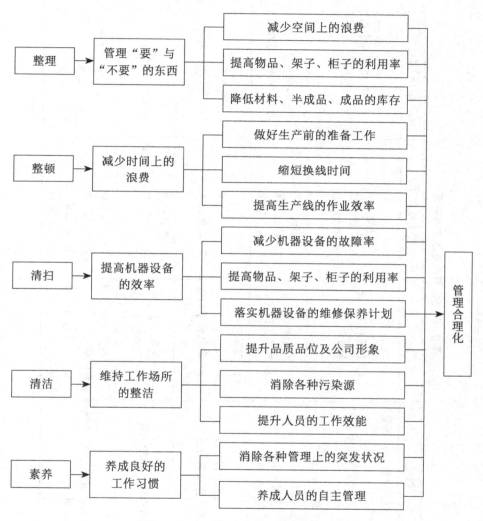

图 8-15　5S 与管理合理化的关系图

表8-16　5S与企业改善的关系

5S	对象	意义	目的	实施检查方法	使用工具	目标
整理	物品 空间	(1) 区分"要"与"不要"的东西 (2) 丢弃或处理不要的东西 (3) 保管要的东西	(1) 有效利用空间 (2) 消除死角	(1) 分类 (2) 红牌作战 (3) 定点照相	(1) 照相机、录像机 (2) 红色标志	创造一个"清清爽爽"的工作场所
整顿	时间 空间	(1) 物有定位 (2) 空间标志 (3) 易于归位	(1) 缩短换线时间 (2) 提高工作效率	(1) 定位、定品、定量 (2) 看板管理 (3) 目标管理	(1) 各类看板 (2) 照相机、录像机	创造一个"井然有序"的工作场所
清扫	设备 空间	(1) 扫除异常现象 (2) 实施设备自主保养	(1) 维持责任区的整洁 (2) 降低机器设备故障率	(1) 责任区域 (2) 定检管理	(1) 定检表 (2) 照相机、录像机	创造一个"零故障"的工作场所
清洁	环境	永远保持前3S的结果	(1) 提高产品品位 (2) 提升公司形象	(1) 美化作战 (2) 三要：要常用、要干净、要整齐	照相机、录像机	创造一个"干干净净"的工作场所
素养	人员	人员养成守纪律、守标准的习惯	(1) 消除管理上的突发状况 (2) 养成人员的自主管理	(1) 礼仪活动 (2) 5S实施展览 (3) 5S表扬大会 (4) 教育培训	(1) 照相机、录影机 (2) 点检表 (3) 评核表	创造一个"自主管理"的工作场所

(三）5S 与 ISO 9000 质量体系的关系

5S 管理和 ISO 9000 体系的目的是一致的，都是通过提高工作质量，使产品质量得到保证。但两者的侧重点是不同的，5S 管理侧重于现场、现物的管理，是看得见的管理，思路简单朴素，通俗易懂，立足基层，着眼于现场效果，成效往往立竿见影；而 ISO 9000 体系是世界性参照标准，所以，它只规定了质量管理体系的框架，由于适用范围过于广泛，其内容与要求不可能面面俱到，它更重视企业质量管理行为的规范，它的效果是长期性的。因此，5S 管理和 ISO 9000 体系可以说是长短互补的关系。

5S 与 ISO 9000 质量体系的关系，如图 8-16 与表 8-17 所示。

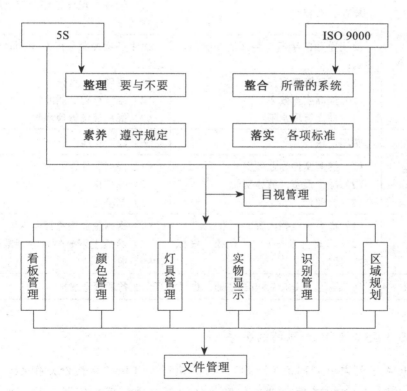

图 8-16　5S 与 ISO 9000 质量体系的关系图

表 8-17 5S 与 ISO 9000 质量体系的关系细节体现表

项目	5S	ISO 9000
内容	整理、整顿、清扫、清洁、素养	ISO 9001、ISO 9002、ISO 9003
方法	合理化过程	制度化过程
材料	整理、整顿 使用整理（要与不要）的手段与整顿（识别系统）的观念，可达到： （1）减少库存，增加资金周转率 （2）先进先出，减少呆废料 （3）明确管理责任	物料管理与追溯 使用物料管理程序，配合识别系统，可达到： （1）控制不合格材料 （2）使材料易于追溯 （3）明确管理责任
半成品	整理、整顿 使用整理的手段与整顿的观念，可达到： （1）明确管理责任 （2）提高生产效率 （3）提高管理水平	首件检查、现场管理等控制程序及追溯性 使用各项控制程序及识别系统，可达到： （1）明确管理责任 （2）维持过程品质的稳定性 （3）提高现场管理水平
文件	整理、整顿 （1）提高文件作业效率 （2）减少浪费，节省空间 （3）合理化	文件控制程序 （1）提高文件作业效率 （2）标准化 （3）制度化
目标	（1）提高企业整体管理水平 （2）养成上下一体，守纪律、守标准的习惯	（1）提高企业质量管理水平 （2）养成上下一体，守标准、守纪律的习惯
结论	5S 实际上是 ISO 9000 的基础，也是提高企业各项管理水平的手段	

（四）5S 与 PDCA 循环的关系

PDCA 是英语单词 Plan（计划）、Do（执行）、Check（检查）和 Act（纠正）的第一个字母，PDCA 循环就是按照这样的顺序进行质量管理，并且循环不止地进行下去的科学程序，如图 8-17 所示。

5S 与 PDCA 循环的关系，如图 8-18 所示。

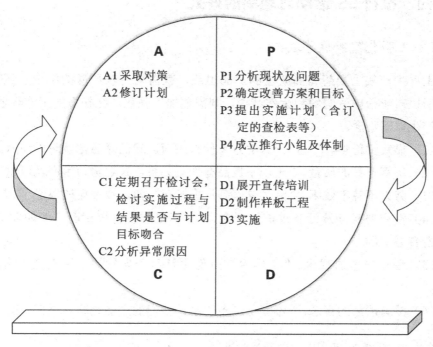

图 8-17　PDCA 循环模式

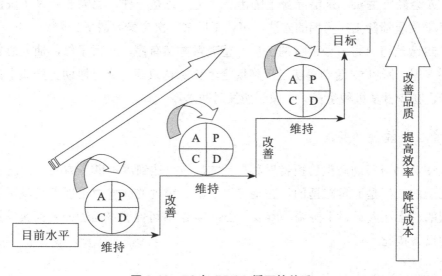

图 8-18　5S 与 PDCA 循环的关系

四、推行 5S 活动对现场的好处

（一）强化组织规范运作

工厂生产线上要想有高质量的产品出线，就需要有较严谨的组织及运作结构，所以对于松散的组织和运作结构，则需要加以强化。在松散的工作环境中，容易产生以下观念：

（1）靠直觉行事。"工厂什么地方有什么东西，我们靠感觉就可以知道。"

（2）不管产品的质量。"出现不良品有什么关系，只要努力生产就可以了。"

（3）劳力不等于效率。"流了这么多汗去搬运东西，效率应该很好了。"

（4）没有交货期及设备维护的观念。"货不足或设备故障而不能如期交货，也是没有办法的。"

（5）没有安全的观念。"工作中受点伤也是理所当然的，擦点红药水就可以了。"

（6）没有清洁的观念。"不管工厂多脏乱，我们的产品销路还是很好的。"

（二）5S 活动可以让工厂"洗澡"

人会经常洗澡，来清除身上的污垢。工厂也是一样，也需要经常"洗澡"。5S 活动就是清除工厂污垢的方法，可让工厂来一次全身大清洗。

5S 活动可以将一个混乱的工厂，整理得井然有序、一目了然，使人感觉安全、美观。所以 5S 活动是使工厂环境合理化的特效药，它可协助生产线上的管理者，在少量多机种生产时，做到切换时间为零。

（三）提高产品质量

5S 活动可帮助质量管控者提高产品的质量，达到零不良品的状态。经过 5S 活动后的工厂是非常舒适的，在整齐、清洁、美观的环境中出现不良品是十分显眼的，会让人觉得不协调，所以，工厂实施 5S 可促使产品管控者真实掌握产品的良莠状况。

（四）降低生产成本

对成本管控者来说，5S 活动可以降低生产成本，原因如下：

（1）工厂常保持清洁，会使工作效率大幅度提高。
（2）把不要的东西清除掉，物料搬运会很顺利。
（3）清洁干净的设备不易出故障，而且效率也会提升。
（4）为了杜绝浪费，5S活动是非常重要的工作。

当然，彻底实行5S活动后，产品可以准时交到客户手上，不会延误交货；同时工作空间、机械设备管理得当，物品放置妥当，这些都是看得见的成果。5S活动的最终目标是：创造人性化和安全的工作环境，使工作人员感到舒心和轻松，机械设备得到维护与安全保障。

五、推行5S活动对企业整体的效益

推行5S活动也能为企业带来许多效益，如图8-19所示。

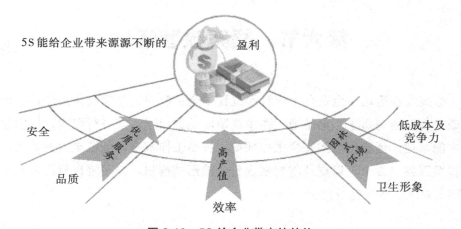

图 8-19　5S 给企业带来的效益

（1）5S是最有魄力的推销员，因为通过它可以得到客户的赞扬，获取客户对产品质量的信赖。

（2）5S管理法则，能吸引许多人来工厂参观学习，借此可提高企业的形象。

（3）整洁的工厂，能达到吸引客户订单的效果。

（4）在整洁的工作场所中，员工会有一种自豪感和成就感，进而可增强团队的凝聚力，提高生产力。

（5）5S的工作场所是节约的场所，因为5S的理论是从零基管理出发的，追求降低成本、减少浪费、减少库存。

（6）推行5S后，浪费减少了，随之而来的是生产时间的节约，当然交货延迟的现象也就自动消失了。

（7）建立5S的企业，其工作场所宽敞明亮，各区域标志明确，通道畅通无阻，工作服及安全防护用具清洁、整齐，员工工作环境安全、舒适。

（8）5S也是建立标准化的推动者，通过不断的改进，每位员工都能正确地按标准进行作业，随时向质量零缺点目标迈进。

（9）任何企业开展5S管理活动，都会创造出令人满意的工作场所；也能带动整个企业形成全面改善的良好气氛；更能促进全员参与工作的干劲和热情。

（10）实施5S活动，也能培养一批有企划能力以及自主管理能力的管理人员和员工。

如上所述，实施5S的优点如此之多，所以，企业开展5S是很有必要的。

第六节　提案改善活动

提案改善活动是企业在生产管理过程中全员参与的持续改善活动，这个活动鼓励企业所有员工不断地把工作中的缺陷挖掘出来，并进行改善，以消除工作中的浪费，创造良好的安全工作环境，提高工作效率，创造更大的价值。文库提案改善是由个人以规范的提案报告书的形式提出，并围绕自身的工作，由提案人自主实施、完成改善。

一、何谓改善

为了"更快、更好、更加简化"地达成工作的目的，而做的"手段选择"及"方法变更"，就叫做改善，如图8-20所示。

图8-20　改善的含义

改善并不等于创新,改善与创新的区分,如表8-18所示

表 8-18　改善与创新的区分

比较项目	改善	创新
适用人群	全员参与,每一个人	专业人员,少数优秀骨干
能力要求	当前技术,行业经验	技术突破,新发明,新理论
投入	小投资	大投资
改变	稳定温和,小幅度改变	突发剧烈,大幅度改变
时效性	长期,连续渐进的	短期,间歇性跳跃的

二、推行提案改善活动的目的

推行自主改善的目的:通过改善,使成本更低、品质更好、流程更优化、工作效率更高、生产更安全、交期更短、员工士气更高,从而达到提升企业竞争力的目标,如图8-21所示。

图 8-21　推行提案改善活动的目的

三、提案改善的分类

提案改善的分类，如表8-19所示。

表 8-19 提案改善的分类

序号	类别	说明
1	工艺改善	效率提升、工时降低、物流、仓储优化、设备利用提升等
2	流程改善	流程再造、表单优化、信息资源整合等方面的改善
3	设备改善	设备改进、故障降低、检测工具改善、手工具改善等
4	技术改善	新技术验证改善、新材料应用改善，新设备引进改善等
5	质量改善	质量稳定性和一致性改善、质量控制标准改善、检验方式方法改善，以及分析统计方法改善等
6	管理改善	环境整洁度提升、士气提高、作业强度降低等方面的改善
7	安全改善	防错防呆应用、目视化安全控制改善等

四、提高改善提案活动的有效性

（一）明确改善提案活动要求

1.尽量不拒绝任何提案

任何提案，只要有积极意义，都应给予受理、评价和奖励，长期坚持这样做才能有效地保持员工提案的积极性。对于毫无建设意义的建议，是可以拒绝的，但是拒绝的时候应该对当事人进行必要的说明，并给予必要的指导。

2.鼓励先进，指导后进

（1）在任何一个提案活动中，都要坚持以表扬为主的原则，让员工从表扬中体会到参与的成就感和乐趣，以便后进员工学习和效仿。

（2）后进部门和员工之所以后进，主要原因有两个方面：一方面可能是认识问题没有解决，另一方面可能是对活动的方法掌握不好。这两个方面的原因都不是简单的批评和指责所能解决的。

要改变现状，就要帮助他们分析活动推进不力的原因，让他们认识到改善的重要性，或者施以改善方法的教育，帮助他们改变现状。

（3）按规定进行评价、奖励

评价奖励工作要高效及时，不能拖拉。只有这样做才能够让员工体会到他的提案受到了重视和关注。对事先在奖励制度中约定的奖金一定要兑现，不能以任何形式和理由减少或克扣奖金。如果发现奖金设置不合适，就应该对相关的奖励制度进行调整。

（二）树立对改善提案活动的正确认识

1.鼓励全体人员积极提出提案

本项活动的主要目的是促进员工的参与，营造良好、浓厚的改善活动氛围。因此，提案本身的经济效益本来就是次要的，只要是有益的，再小的提案都是可取、可喜的。

员工提出的提案数量越多，说明员工对企业存在的问题越关注。管理无小事，再小的问题都应该杜绝和认真对待，提案数量越多越及时，就越能保证小问题不致引起大问题。

2.员工写提案不会影响正常工作

员工拼命写提案不会影响工作，原因是，提案并不是随笔就能写好的，它需要员工了解和熟悉周围的工作，要有很强的观察事物和发现问题的能力，还需要有很强的责任心。有责任心、有能力的员工不可能会顾此失彼。实践证明，提案写得越多的人，本职工作也做得越好。那些工作不认真的员工是不会关注身边的问题的，改善提案更无从谈起。

如果能让一个不甚负责的员工加入到积极提案的行列，那么他将从改善活动中得到启发，逐渐成为一名出色的员工，这正是设法激活这项活动最根本的目的。

（三）积极开展各类评比和展示活动

随着活动的推进，开展各类评比展示活动是很有必要的。做好评比展示工作可以营造一种良好的、热烈的改善氛围，使员工能从中体验到成就感，还可以为员工提供一个相互学习和借鉴的园地，同时能改善公司、工厂面貌，展示公司积极向上的改善文化。

（四）完善提案评价和奖励制度

1.提案格式标准化

改善提案活动与合理化建议活动有些相似，但是一般来说，许多国内企业所提倡的合理化建议活动只停留在号召的层面上，没有具体便捷的操作办法。其结果是，员工不知道如何进行提案和应该提出何等水平的提案。特别是一线员工，他们所受的教育程度相对较低，对此就显得更加不知所措，对提案活动的参与也就大打折扣。

标准化的提案书写格式应易于填写，使员工在提出提案时，不用花费很多精力进行语言组织，就能让提案高效快捷。标准化格式还能向员工提供发现问题、解决问题的步骤，在使用过程中还能帮助员工提高这方面的能力，从而使提案评价高效、科学、合理，同时便于效果的确认和统计。

2.明确提案效果的核算标准

制定统一的提案等级评价基准是做好等级评价工作的前提条件。提案效果核算标准包括以下两个内容：

（1）有形效果的核算标准

企业有必要制作一份统一的改善效果（有形效果）核算基准。这一基准可以包括对成本或效率产生影响的一些主要项目，如人工费用，水电费用，设备投资及折旧费用，材料、零件、产品损耗费用，施工或维修等委外费用，场地、空间费用（租金）等。

以上这些费用标准最好以财务的核算值为准，财务核准有困难的或不便被使用的，可以采用较低的估算值替代，重要的是企业要以统一的基准来平衡各部门的评级工作。

（2）无形效果的核算标准

有形效果是可以量化的，无形效果以及其他项目（创意、工作难度、努力程度等）的评价基准比较难确定，多数情况下要靠主观判断来决定改善的效果。为了方便各部门有效、客观地进行级别评判，在涉及较高级别的评价时，可以通过讨论的形式决定提案的级别。

3.确定奖励金额标准

对改善提案的提案人实施奖励（物质和精神）是激发这项活动的最根本措施，奖励办法的标准化包括图8-22所示两个方面的内容。

物质奖励标准

物质奖励一般有现金或物品两种，这里以现金奖励为例进行说明，对各个级别的提案发放多少奖励金，要根据奖励金额（财务部门或企业高层管理者认可的预算额度）的多少来决定

精神奖励标准

除了物质奖励之外，可以辅以精神鼓励，比如，月度、季度、年度冠军奖状、锦旗，优胜者展示，以及其他能体现优胜意味的形式

图 8-22　物质和精神奖励标准

参考文献

[1] 姚根兴. 世界500强企业管理层最钟爱的管理工具. 北京：人民邮电出版社，2013.
[2] 唐政. 企业年度经营计划与全面预算管理. 北京：人民邮电出版社，2016.
[3] 何重军. 产品研发质量与成本控制：基于价值工程和全生命周期. 北京：化学工业出版社，2022.
[4] 唐政. 企业年度经营计划与全面预算管理. 2版. 北京：人民邮电出版社，2022.
[5] 刘葵，蔡圣刚. 人员测评技术. 2版. 大连：东北财经大学出版社，2012.
[6] 宋荣，谷向东，宇长春. 人才测评技术：修订版. 北京：中国发展出版社，2012.
[7] 潘泰萍. 工作分析：基本原理、方法与实践. 上海：复旦大学出版社，2011.
[8] 毛文静，唐丽颖. 组织设计. 杭州：浙江大学出版社，2012.
[9] 乔普拉，等. 供应链管理. 3版. 陈荣秋，等译. 北京：中国人民大学出版社，2008.
[10] 胡迅. 世界500强企业国际通用管理体系工具. 北京：人民邮电出版社，2013.
[11] 杨吉华. 质量工具简单讲：实战精华版. 广州：广东经济出版社，2012.
[12] 众行管理资讯研发中心. 管理工具全解. 广州：广东经济出版社，2003.
[13] 金涛. 企业年度经营计划制订与实施. 北京：企业管理出版社，2020.
[14] 王美江. 全面预算管理与企业年度经营计划. 北京：人民邮电出版社，2022.
[15] 王革非. 战略管理方法. 北京：经济管理出版社，2002.